SPRACHWISSENSCHAFTLICHE
STUDIENBÜCHER

CHRISTOPH ROTH

Kurze Einführung in die Grammatik des Frühneuhochdeutschen

Bibliografische Information der Deutschen Nationalbibliothek

Die Deutsche Nationalbibliothek verzeichnet diese Publikation
in der Deutschen Nationalbibliografie;
detaillierte bibliografische Daten sind im Internet
über *http://dnb.d-nb.de* abrufbar.

UMSCHLAGBILD

aus Gregor Reisch: *Margarita philosophica*, Basel 1508

ISBN 978-3-8253-5378-0

Dieses Werk einschließlich aller seiner Teile ist urheberrechtlich geschützt. Jede
Verwertung außerhalb der engen Grenzen des Urheberrechtsgesetzes ist ohne
Zustimmung des Verlages unzulässig und strafbar. Das gilt insbesondere für
Vervielfältigungen, Übersetzungen, Mikroverfilmungen und die Einspeicherung
und Verarbeitung in elektronischen Systemen.

© 2007 Universitätsverlag Winter GmbH Heidelberg
Imprimé en Allemagne · Printed in Germany
Druck: Memminger MedienCentrum, 87700 Memmingen

Gedruckt auf umweltfreundlichem, chlorfrei gebleichtem
und alterungsbeständigem Papier

Den Verlag erreichen Sie im Internet unter:
www.winter-verlag-hd.de

Inhalt

7

0. Vorwort

»

Das Büchlein ist aus jahrelangem Unterricht zur Einführung ins Frühneuhochdeutsche am Germanistischen Seminar der Universität Heidelberg hervorgegangen. Nach längeren Vorarbeiten für die ‚Kurze Einführung in die Grammatik des Frühneuhochdeutschen' legte ich die Entwürfe in den verschiedenen Stadien der Entstehung auch manchen Kollegen der Abteilung vor: Wichtige Verbesserungsvorschläge, Anregungen, Hilfestellungen verdanke ich Frau PD Dr. M. Niesner, Frau PD Dr. T. Hennings, Herrn Prof. Dr. F. P. Knapp, Herrn Dr. R. Päsler, Herrn Dr. A. Schlechter und Herrn PD Dr. T. Wilhelmi. Für technische Hilfestellungen habe ich Herrn Stemper vom Winter-Verlag, für Korrekturlesung Claudia Roth ganz herzlich zu danken.

Der Ansporn zum Ausbau des anfänglich erstellten Skripts ging von den Studierenden aus, die durch beständige Nachfrage wesentlich zum vorläufigen Abschluss des Projekts beigetragen haben. Allen eifrigen Fragern und Kritikern danke ich herzlich und hoffe, nun eine Grammatik vorzulegen, die nicht nur zu kompetentem Umgang mit den frühneuhochdeutschen Texten befähigt, sondern auch zur lustvollen Lektüre ermuntert, für welche das frühneuhochdeutsche Textmaterial einen so überreichen Fundus darstellt. Eine Kostprobe sei hier gleich an den Beginn gesetzt. Sie stammt aus der berühmten sogenannten ‚Schedelschen Weltchronik' (*Buch der Croniken und Geschichten*, Nürnberg 1493, Bl. clxiii^v):

SCHEDELSCHE WELT- | *GAngolfus der heillig man hat bey zeitten des genanten*
CHRONIK: SANT GAN- | *constantini in burgundia geleücht. Er kauffet in gallia*
GOLFUS | *einen prunnen den machet er entspringe(n) in burgundia.*
Als er sein weib einßmals vmb den eebruch red straffet [„beschuldigte"] *vnd sie aber fast lawgnet. do sprach er. wiltu das ich dir glawb so entplöße deine(n) arm vnd bring mir ein stainlein auß dem prunnen an* [„ohne"] *verletzung. als sie aber den arm in den prunnen senket do verprane er ir. vnd Gangolfus ließ ir halben tail seiner hab vn(d) schiede sich vo(n) ir. Als sein leichnam in der pare zum(m) grab getragen wardt do machet er vil krancke(n) gesund. Das*

9

verkündet die diern seinem weib. die lachet vnd sprach.
Gangolfus tůt also wunderzaichen gleich wie mein hindtrer
singt. do fieng sie an on vnderlaß vom(m) hi(n)dtern lawt
wind zelassen. D(as) begegnet ir darnach dieweil sie lebet
am(m) freytag dar an ir man gemartert wart. also wie offt
sie ein wort redet als offt machet sie ein vbels gedön. […]

Das ſechſt alter

Sant Gangolfus

G⁶ Angolfus der heillig man hat bey zeitten des genanten conſtantini in burgundia geleichtet. Er kauffet in gallia einen prunnen den machet er entſpringē in
burgundia. Als er ſein weib einſmals vmb den eebrůch redſtraffet vnd ſie aber faſt
lawgnet. do ſprach er. wiltu das ich dir glawb ſo entplöße deinē arm vnd bring mir
ein ſtainlein auß dem prunnen an verletzung. als ſie aber den arm in den prunnen ſen
ket do verpran er ir. vnd Gangolfus ließ ir halben tail ſeiner hab vñ ſchiede ſich võ
ir. Vnd er wardt erſchlagen in ſeinem hawß von dem clerick dē eebrůch begangen
het. Als ſein leichnam in der pare zům grab getragen wardt do machet er vil krankē
geſund. Das verkündet die diern ſeinem weib. die lachet vnd ſprach. Gangolfus tůt
alſo wunderzaichen gleich wie mein hindtrer ſingt. do fieng ſie an on vnderlaß vom
hidtern lawt wind zelaſſen. Dz begegnet ir darnach dieweil ſie lebet am freytag dar
an ir man gemartert wart. alſo wie offt ſie ein wort redet als offt machet ſie ein vbels
gedön. das gezüchet pipinus perſönlich zeerfaren.

10

1. Einleitung

»

Wolfram von Eschenbach: *Parzival*, mhd. nach der Edition von K. Lachmann [7]1952, 827, 19-30	*Parzival*, frnhd. nach dem Druck Straßburg 1477	*Parzival*, nhd. von Peter Knecht, Frankfurt 1993
swes leben sich sô verendet,	Wes leben sich so verendet	Wenn einer sein Leben so endet,
daz got niht wirt gepfendet	Das got nit wirt gepfendet	dass nicht die arme Seele Gott verloren geht,
der sêle durch des lîbes schulde	Der selen durch des leibes schulde	drangegeben für die Schuld des Leibs,
und der doch der werlde hulde	Vn(d) der doch der welte hulde	und wenn der, ohne sich gemein zu machen
behalten kan mit werdekeit,	Behalten kann mit wirdikeit	dabei die Gunst der Welt behalten kann –
daz ist ein nütziu arbeit.	Das ist ein nütze erbeit	das ist der Mühe wert
guotiu wîp, hânt die sin,	Gûte weib hont den sin	Edle Frauen mit Verstand
deste werder ich in bin,	Dester werder ich in bin	Werden mich noch mehr in Ehren halten –
ob mir deheiniu guotes gan,	Ob mir keine gûtes gan	falls es überhaupt eine geben sollte, die mir wohlwill,
sît ich diz mære volsprochen hân.	Seit ich dise mer volsprochen han	weil ich diese Geschichte zu Ende erzählt habe.
ist daz durch ein wîp geschehen,	Ist das durch ein weib beschehen	Und wenn das einer Frau zuliebe geschehen ist,
diu muoz mir süezer worte jehen.	Die mûß mir sûsser worte iehen	so schuldet sie mir dafür ein paar Worte, aber süße.

Was wäre einem Sprecher des Mittelhochdeutschen (linke Spalte) am Frühneuhochdeutschen (mittlere Spalte) zuerst aufgefallen, wenn er eine Zeitreise hätte machen können und sich vom Anfang des 13. Jahrhunderts in die zweite Hälfte des 15. Jahrhunderts hätte versetzen lassen? Und was fällt uns Deutsch Sprechenden der Gegenwart (Nhd., rechte Spalte) auf, wenn wir auf sprachliche Überlieferungen jener Epoche zwischen Mittelalter und Neuzeit zurückblicken? In diesem Spannungsfeld versucht das vorliegende Handbuch die auffälligsten Merkmale des Frnhd. zusammenzutragen, um dem Studierenden einen kompetenten analytischen Zugriff auf die entsprechenden Texte zu ermöglichen.

Die beiden ‚großen' Grammatiken des Frühneuhochdeutschen, die schon erschienen sind, bzw. am Erscheinen sind, gehen bei der Bearbeitung des Materials ganz unterschiedliche Wege: Nach dem Prinzip der Synchronie verfahren R. P. Ebert/ O. Reichmann/ H.-J. Solms/ K.-P. Wegera in ihrer Darstellung *Frühneuhochdeutsche Grammatik* innerhalb der Reihe ‚Sammlung kurzer Grammatiken germanischer Dialekte', wohingegen die noch nicht zum Abschluss gebrachte *Grammatik des Frühneuhochdeutschen*, deren Anfänge auf H. Moser zurückgehen (Germanische Bibliothek, alte Folge), die diachronische Vorgehensweise bevorzugt.

Was heißt das? Im ersten Falle versucht man gleichsam ganz in die betrachtete Phase der Sprachgeschichte einzutauchen, eine Systematik in der Grammatik dieser Zeit zu erkennen und in der Darstellung sichtbar werden zu lassen. Im zweiten Fall werden die zusammengetragenen Phänomene immer sofort in eine historische Entwicklungslinie gestellt. Beide Verfahren haben ihre Berechtigung und beide sind nicht ganz unberührt vom jeweils entgegengesetzten Entwurf durchzuführen.

In der vorliegenden Kurzgrammatik ist angestrebt, die einzelnen Merkmale der frnhd. Sprache immer auf das Mhd. zu beziehen, um auf diese Weise Entwicklungen zu beobachten und zu benennen.

Möglichst viele dieser Beobachtungen werden an den im Anhang I beigegebenen Texten belegt. Vier im Faksimile gebotene Kostproben aus der Inkunabelzeit (1477, 1484, 1490, 1499) und ein edierter Auszug aus einer Predigthandschrift des 15. Jahrhunderts ermöglichen dem Leser stets, sich das theoretisch Erklärte vor Augen zu führen. Im Darstellungsteil wird fortwährend auf diese Textproben T1-T4 verwiesen, T5 ist Grundlage für die Übungsaufgaben von Kap. 8.

Bei der Arbeit an frnhd. Texten ist eine zentrale Fragestellung immer auch die Lokalisierung der vorliegenden Textzeugen. Um dem Leser einen schnellen Überblick über die regionalen Merkmale der Varietäten zu ermöglichen, sind die Kriterien für die Lokalisierung von Texten am Rande mit einem **L**→ gekennzeichnet.

Vom linguistischen Instrumentarium wird möglichst nur soweit Gebrauch gemacht, wie es dem Studierenden der ersten Semester schon zu Gebote steht. Verbleibender Unsicherheit mag das an den Schluss (Anhang III) gestellte Glossar abhelfen.

Die Kurzgrammatik erhebt selbstverständlich nicht den Anspruch, als wissenschaftliche Grammatik verstanden zu werden: Wie alle Kurzgrammatiken so ist auch die vorliegende den schon im Gebrauch befindlichen Werken verpflichtet (vgl. die Liste der abgekürzt zitierten Literatur).

1.3 ZEITLICHE EIN-GRENZUNG

Als Epochengrenzen für die deutsche Sprachstufe des Frnhd. haben sich allgemein die Eckdaten 1350 und 1650 durchgesetzt. Die vorliegende Einführung konzentriert sich ganz auf die erste, im engeren Sinne mittelalterliche Hälfte der Periode (1350–ca. 1500): Dies hat seine zunächst einmal nur pragmatischen Gründen in der Fächeraufteilung im Unterricht der meisten deutschen Universitäten, einen sachlichen Grund für eine Zäsur in der Mitte der Epoche bildet aber das Ende der Inkunabelzeit. Auch die Literaturgeschichtschreibung kennt die Separierung der „ältere[n] Epoche der frühneuhochdeutschen Literatur (um 1350 – um 1500)" (H. Brunner: *Geschichte der deutschen Literatur im Überblick*, Stuttgart 1997, S. 293). Bezogen auf die Sprachgeschichte bringt die Beschränkung mit sich, dass die Probleme der Entwicklung der nhd. Standardsprache so gut wie völlig ausgeklammert bleiben. Aber natürlich wird der Blick vor den Tendenzen des 16. Jahrhunderts (Luther!) nicht verschlossen.

1.4 ZIELGRUPPE

Als Leser und Benutzer der Kurzgrammatik stelle ich mir an deutscher Sprachgeschichte Interessierte vor, die erste Erfahrungen mit den älteren Sprachstufen des Deutschen schon bei einer Einführung ins Mhd. oder Ahd. gesammelt haben. Ums Sammeln geht es auch hier, indem Phänomene zusammengetragen werden, die den besonderen Charakter der frnhd. Sprache hinsichtlich ihrer Schreibung (die Lehre davon nennt sich Graphemik), ihrer Lautung (Phonologie), ihres Formenbaus (Morphologie), ihres Wortschatzes (Lexik) und ihres Satzbaus (Syntax) ausmachen.

Die Leitfragen lauten also: Wie gelangt man zu einer zeitlichen Abgrenzung des Frnhd. gegenüber dem Mhd. einerseits und dem Nhd. andererseits (Kap. 2.1), welcher Sprachraum ist mit dem Begriff „Frühneuhochdeutsch" gemeint (Kap. 2.2), in welcher Gestalt ist uns das Frnhd. überliefert (Kap. 3), welche charakteristischen Veränderungen hat die Lautung des Deutschen von der mhd. zur frnhd. Zeit erfahren (Kap. 4), in welcher Weise ändern sich die aus dem Mhd. bekannten Systeme der starken, schwachen und „sonstiger" Verben (Konjugationen), wie verändern sich die Deklinationsmuster (Kap. 5), wie äußert sich das Phänomen des Bedeutungswandels im Frnhd., welches sind die produktivsten Wortbildungsmuster, welches die Mechanismen der Selektion innerhalb synonymer oder nahezu synonymer Ausdrucksvarianten in dieser Zeit (Kap. 6), und gibt es charakteristische Merkmale frnhd. Satzbaus (Kap. 7)?

Außersprachlich prägen zwei konträre Züge das Frnhd.: Zum einen umfasst es diejenige Zeit, in der das volkssprachliche Schrifttum derart angewachsen ist, dass man von einer „Literaturexplosion" (H. Kuhn) gesprochen hat. Das Textsortenspektrum der Volkssprache ist erheblich angewachsen: Von den neun Kategorien der Texte, *die das Frühneuhochdeutsche Lesebuch* von O. Reichmann und K-P. Wegera präsentiert, waren zur mhd. Zeit nur IV. „Belehrende Texte" und VI. „Unterhaltende Texte" in nennenswertem Umfang in der Volkssprache abgehandelt worden, die übrigen überwiegend lateinisch. Zwischen 1460 und 1499 wurden mutmaßlich 37800 Exemplare der lateinischen *Legenda aurea* auf den Markt gebracht, vom deutschen Gegenstück, von *Der Heiligen Leben* im gleichen Zeitraum immerhin 21800 Exemplare (U. Neddermeyer: *Von der Handschrift zum gedruckten Buch*, S. 504-514). Ein derart für die volkssprachliche Fassung günstiges Verhältnis gab es zuvor noch nie.

Als Forschungsgebiet musste sich das Frnhd. andererseits in der Periodisierung der deutschen Sprachgeschichte, die zunächst von der Trias der Historiographie, Altertum – Mittelalter – Neuzeit bestimmt war (also Alt-, Mittel-, Neuhochdeutsch), seinen Platz erst erobern. Bis zur Gegenwart hat es die Einschätzung einer minderen „Zwischenzeit" (J. Grimm) zwischen dem Mhd. und dem Nhd.

nicht ganz ablegen können. So vermag auch A. Stedje: *Deutsche Sprache gestern und heute*, diese Periode der deutschen Sprachgeschichte nur mit überwiegend negativen Epitheta zu beschreiben: „Das Frnhd. ist die Sprache einer Übergangszeit. Es gibt keine Einheitlichkeit, weder in der Orthographie noch in der Flexion und Syntax [...]. Im Wortschatz gibt es teils regionale, teils sozial bedingte Unterschiede" (S. 115). Noch deutlicher pejorativ fielen Werturteile über das Frnhd. aus, solange man das klassische (normalisierte!) Mhd. als Vergleichsgröße herangezogen hat. A. Schirokauer referiert diese Haltung ironisch zugespitzt 1957 so: „War das nicht das Kennzeichen des Frnhd., seine heillose Unordnung und Regellosigkeit, sein Formendickicht und Lautgestrüpp, in krassem Gegensatz zu der gepflegten Sauberkeit im ausgekämmten Gehege des klassischen Mhd.?" (zitiert nach H. Penzl: *Frühneuhochdeutsch*, S. 19). Auf den Umstand, dass das Mhd. so glatt nur erscheinen konnte, weil es von der Philologie in einem circulus vitiosus zwischen geglätteten Ausgaben und daraus erstellten Grammatiken, die wiederum als Richtschnur für weitere Editionen dienten, plan gemacht worden war, braucht hier nicht weiter eingegangen zu werden. Inzwischen ist man sich der Problematik hinreichend bewusst und versucht, durch handschriftenzentrierte Grammatiken und Ausgaben Abhilfe zu schaffen. Positiv gewendet kann man sagen, dass keine Sprachstufe des Deutschen in dem Maße wie das Frnhd geeignet ist, die Sprachentwicklung als dynamischen Prozess, als Sprache im Fluss, wahrnehmbar zu machen.

1.8 EINSCHÄTZUNG DURCH ZEITGENOSSEN	Wie aber haben frnhd. Zeitgenossen ihre Sprachsituation selbst eingeschätzt? Hier stehen sich die Klage über unzulässige Mischung verschiedener Schreibsprachen (Niklas von Wyle, 15. Jh.) und das Bedauern über die mangelnde Verständigungsmöglichkeit zwischen Zugehörigen verschiedener deutscher Mundarten (Martin Luther 16. Jh.) gegenüber: *Germania tot habet dialectos, ut in triginta miliaribus homines se mutuo non intelligant.*[1]

---

[1] Aus den ‚Tischreden', zitiert nach A. Stedje: *Deutsche Sprache gestern und heute*, S. 119 mit der Übersetzung: „Deutschland hat so viele Dialekte, dass die Leute in einem Abstand von 30 Meilen einander nicht verstehen."

2. Zeit und Raum des Frühneuhochdeutschen

》

Welche Kriterien ermöglichen die Abgrenzung des Frnhd. vom Mhd. einerseits und vom Nhd. andererseits?

2.1 EPOCHENGRENZEN Nach zahlreichen unterschiedlichen Periodisierungsversuchen, die ganz verschiedene Kriterien in den Mittelpunkt ihres Interesses rückten, haben sich als Epochengrenzen für das Frnhd. 1350 und 1650 allgemein durchgesetzt. Die beiden Eckdaten können durch verschiedene inner- und außersprachliche Phänomene gestützt werden (Anfang: Diphthongierung, Monophthongierung [vgl. Kap. 4]; Territorialisierung des politischen Raums, Blüte der Kanzleien, Universitätsgründungen; Ende: Standardisierungstendenzen; Westfälischer Frieden). Andere wichtige Entwicklungen, wie die Erfindung des Buchdrucks mit beweglichen Lettern um 1450, liegen natürlich quer zu diesem Ansatz.

2.2 HOCHDEUTSCH Wer das Deutsche älterer Sprachstufen kennenlernt, nähert sich ihm überwiegend in der Form des Hochdeutschen: Man lernt also neben Althochdeutsch und Mittelhochdeutsch auch Frühneuhochdeutsch. Was meint die Bezeichnung Hochdeutsch in diesen Zusammensetzungen?
„Hochdeutsch" in den Komposita Alt-, Mittel- und Frühneuhochdeutsch ist räumlich definiert: Es bezeichnet den Raum, in dem sich die Erscheinungen der „Zweiten (hochdeutschen) Lautverschiebung" um 600 n.C. bei der Herausentwicklung des Althochdeutschen aus dem germanischen Sprachverband weitgehend durchgesetzt haben. Die Stellung der zweiten Lautverschiebung in der Gesamtentwicklung des Konsonantismus vom Indogermanischen zum Nhd. veranschaulicht das folgende Schema aus W. Schmidt: *Geschichte der deutschen Sprache*, Tafel 2:

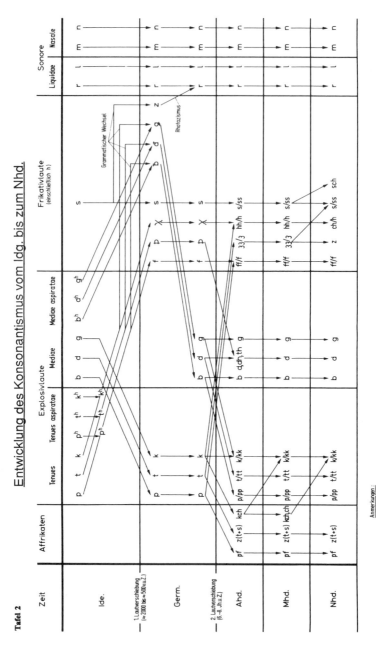

Tafel 2

Entwicklung des Konsonantismus vom Idg. bis zum Nhd.

Anmerkungen:

1. Die Darstellung berücksichtigt nicht alle Entwicklungen. So wurde z.B. die für das Nhd. wichtige Auslautverhärtung nicht aufgenommen. Ferner ist zu beachten, daß die Tabelle nicht die verschiedene Intensität und die unterschiedliche räumliche Entwicklung der einzelnen Vorgänge zeigen kann.

2. p,t,k sind heute – gemäß der Hochlautung – z.T. aspiriert auszusprechen. Diese Aussprache entspricht nicht der hd., sondern der nd. Entwicklung. Das gilt auch für die sth. Aussprache von nhd. b,d,g. In den hd. Maa. sind p,t,k und b,d,g oft zu stl. Lenes (b; d; g) zusammengefallen.

3. ȝȝ/ȝ < germ. t. ist im Buch mit zz/z wiedergegeben.

4. Die Entwicklung von nhd. j und w wurde bewußt nicht in die Tabelle aufgenommen.

Hauptsächlich betroffen von der zweiten Lautverschiebung sind die aus indogermanisch stimmhaften Verschlusslauten /b, d, g/ hervorgegangenen germanisch stimmlosen Verschlusslaute /p, t, k/, die je nach Stellung im Wort postvokalisch zu Doppelfrikativen (auch „Doppelspiranten" oder „Doppelreibelauten") /ff, zz, hh/ (Lautwert wie nhd. *offen, Wasser, ich/ machen*), nichtpostvokalisch (nach Konsonant, in der Geminate, im Anlaut) zu den jeweiligen Affrikaten /pf, tz, kch/ verschoben wurden. Die Doppelfrikative erscheinen nach Langvokal und im Auslaut degeminiert /f, z, h/, in folgenden Verbindungen unterbleibt die Verschiebung von /p, t/ und /k/ ganz: *sp, st, sk, ht, ft, tr*. Neben dem aus der zweiten Lautverschiebung entstandenen stimmlosen /f/ gibt es die stimmhafte Variante, die durch die Graphien ‹v, u› ausgedrückt werden kann. Die Unterscheidung ist aber derart inkonsequent durchgeführt, dass Wörterbücher entsprechende Lexeme nur entweder unter ‹f› (Baufeld und Götze) oder unter ‹v› (Hennig und Lexer) verzeichnen.

Die einzelnen Phänomene der zweiten Lautverschiebung haben sich nicht im gesamten hochdeutschen Sprachraum gleichmäßig durchgesetzt. Die Verteilung zeigt nachstehende Karte auf der Grundlage des fünfgliedrigen Schemas vom hochdeutschen Sprachraum von H. Stopp:

Die zweite (hochdeutsche) Lautverschiebung

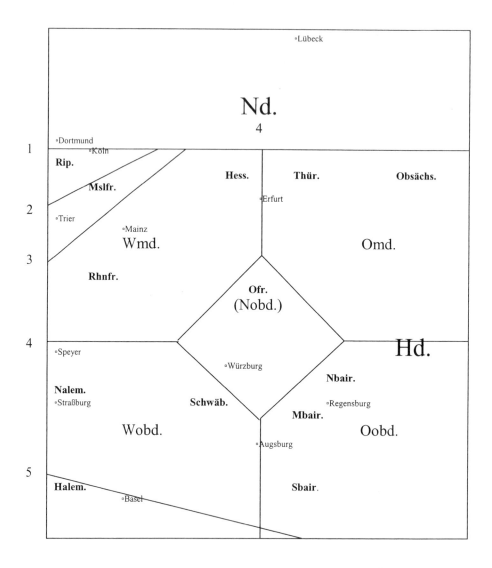

1: *maken-machen*-Linie (Benrather Linie) **L**→	Südlich bereits verschoben postvokalisches /p, t, k/ (*offen, wazzer/ wasser* [noch nicht aber *dat, wat, et, allet*], *machen*), sowie /t/ nichtpostvokalisch (*zeit*); zunächst noch nicht verschoben /p/ und /k/ nichtpostvokalisch (*pund, kind*). Nach Süden fortschreitend kommen die folgenden Phänomene jeweils dazu:
2: *dorp-dorf*-Linie (Eifelschranke) **L**→	„Postliquide *p*-Verschiebung" (*helfen, werfen, dorf* usw.);
3: *dat-das*-Linie (Hunsrückschranke) **L**→	Südlich auch *dat, wat , et, allet* zu (mhd./ nhd.) *daz/ das, waz/ was, ez/ es* und *allez/ alles*;
4: *pund-pfund-fund*-Linie (Speyrer Linie) **L**→	/p/ im Anlaut und in der Geminate zur Affrikata /pf/ verschoben (*appel* zu *apfel, pund* zu *pfund*); im Ostmitteldeutschen anlautend zu /f/ weiterverschoben (*fund*);
5: *kind-kchind*-Linie (Sundgau-Bodenseeschranke) **L**→	/k/ im Anlaut und nach Konsonant verschoben zur Affrikata /kch/ (*kchind*).

Der Verlauf der Linien (Isoglossen) ist seit ahd. Zeit weitgehend stabil. Geringe Verschiebungen in frnhd. Zeit betreffen die *maken-machen*-Linie (nordwärts), die *pund-pfund*-Linie (nordwärts) und die *kind-kchind*-Linie (südwärts).

In einigen Fällen werden auch nicht verschobene Formen aus dem Niederdeutschen/ Mitteldeutschen in die Standardsprache übernommen: *pellen, plunder, plündern* und die Fremdwörter *Palast, Pelz/ Belz*.

Nicht verschoben T2[2]: *scharpesten* (20, hd. „schärfsten"); *wat* (1), *tiden* (2), *tughe* (4, hd. „was, Zeiten, [be]zeugen"); *saken* (9, hd. „Sachen"); *dat* nicht verschoben in T4; hingegen *p, t, k* postvokalisch und nichtpostvokalisch verschoben in T3b: *geworffen* (4, „postliquide *p*-Verschiebung"), *phintztags* (1); *ausser* (5), *zu* (41); *reiches* (4), *chumpt* (9), *chlarhait, amplikch* (11), *chrafft* (13), *dinckh* (50); aber *kinder* (4, 6) und *kirichen* (30 ff.).

Nicht ganz verschwiegen sei hier der Umstand, dass der Ablauf der zweiten Lautverschiebung in der Sprachwissenschaft durchaus umstritten ist (vgl. Meineke/ Schwerdt: *Einführung in das Althochdeutsche*, S. 208-236).

---

[2] „T1-T5" verweisen auf Mustertexte im Anhang I!

Die benachbarten außerdeutschen Sprachräume werden von Zeitgenossen durch *tensch* („dänisch") *pruzisch/ priuzisch, polensch/ polens, behemisch, welsch/ wälhisch* („italienisch, französisch"), *engelsch* usw. bezeichnet. Vom Deutschen wird, meist in Abgrenzung zum Lateinischen, als *tiutsch, tiutscher zungen* o.ä. gesprochen (vgl. auch 7.9).

T4: *leyen die duytsch kunne(n) lesen* (9)

3. Schreibung

»

Die Lehre von der Schreibung heißt Graphemik. Gilt der Schreibung der Zeichen besondere Aufmerksamkeit, so werden Graphemklammern ‹ › benutzt.

Wir sprechen leichthin von der frnhd. ‚Sprache', müssen uns allerdings bewusst halten, dass wir diese Sprache eigentlich nur als ‚Schreibe' kennenlernen können: In welcher Form sind uns diese schriftlichen Quellen überliefert?

3.1 SCHRIFTARTEN

Die Textzeugen, die uns das Frnhd. bis 1500 überliefern, sind handgeschriebene Codices und Inkunabeln (Drucke bis einschließlich 1500). Die Handschriften aus dieser Zeit sind überwiegend in Textura (Textualis formata) oder einer kursiven Buchschrift, der Bastarda, geschrieben. Im Inkunabeldruck werden diese Schriftarten zunächst nur nachgebildet (T2, T4, T5).

> T1 ist in einer Antiqua-Schrift gesetzt, die deutsche Drucker aus italienischen Vorbildern übernahmen.

3.2 ORTHOGRAPHIE

Sowohl in den Handschriften wie auch in den Inkunabeln ist die Graphie zunächst wenig geregelt. Selbst in ein und demselben Text erscheinen Wörter nicht selten in unterschiedlicher Schreibung:

> T2: *ghemenliken* (17), *ghemenlyke(n)* (20); *tit* (12), *tyd* (21) [hd. „Zeit"]; *segghe* (10/11), *secht* (22) [hd. „sagt"]; T3a: *klarheit* (9), *clarheit* (11); *hymel thor* (28), *himel thor* (32), *helle tor* (34).

Nicht geregelt sind in vielen Texten auch die Getrennt- und Zusammenschreibung, wobei hier die Entscheidung über die richtige Lesung oft problematisch ist:

> T3b: *hymeltör* [28], *hellen tör* [34].

3.3 GROSS- UND KLEINSCHREIBUNG

Die Groß- und Kleinschreibung tendiert immer mehr dazu, dass Satz- oder Satzteilanfänge sowie Namen, insbesondere „Nomina sacra" (*Gott, Jesus, Maria*) oder im Textzusammenhang bedeutungsschwere Wörter durch Majuskel (Großbuchstaben) ausgezeichnet werden.

> In T3b häufiger als in T3a; in T1 alle Versanfänge; T2: *Auicenna* (14), aber *ypokras* (19); T4: *Predicate(n)* (12), *Edeler* (12), aber auch Städtenamen.

Die Unsicherheit auf diesem Gebiet zeigt exemplarisch die Satzperiode *der Eirsame man Meyster Vlrich tzell* aus T4 (38). Textanfang oder auch Beginn eines neuen Abschnittes werden durch eine Initiale (T1: „E", T4: „H"), ggf. sogar durch eine Zierinitiale (T2 „D") hervorgehoben.

3.4 SATZZEICHEN

Eine weitere Möglichkeit, den Anfang eines neuen Absatzes zu markieren, ist das Alinea-Zeichen ¶ (T2, Z.1). An Satzzeichen sind in frühneuhochdeutscher Zeit v.a. Punkt und Virgel (*virgula*: „Stäbchen") im Gebrauch (T2, T4). Ursprünglich hatten die Zeichen die Funktion, Lesepausen zu markieren, erst nach und nach übernahmen sie die heute gebräuchliche Funktion der syntaktischen Gliederung.

In T3a/b sind die Satzzeichen Zutat des Herausgebers; hier stehen in der Handschrift zum Teil gar keine Satzzeichen. T4 kennt schon die verkürzte Virgel, das Komma.

Silbentrennungsstriche werden eingesetzt, wo es der Platz im Satzspiegel erlaubt:

T2, 14-15; nicht aber 16-17; T4, 10-11, nicht aber 15-16.

3.5 FUNKTIONSWAN-DEL

Einem Funktionswandel, der mit der Monophthongierung einhergeht (s.u. 4.2.2), unterliegt *e*. Es wird (im Monophthongierungsgebiet) zum Dehnungszeichen, sobald es die Funktion, den zweiten Bestandteil des Diphthongs darzustellen, verloren hat.

In T4 werden ‹i/j/y› konsequent als Dehnungszeichen genutzt, wie es für westmitteldeutsche Texte dieser Zeit typisch ist: *boychdrucker* (1), *vnvyssprechlich* (2), *geleirde lude* (9); *spraich* (9) u. ö.

Mit *e* oder *o* überschriebene *u* ‹*ů, ů*› erscheinen v.a. im Oberdeutschen und behalten hier wegen ausbleibender Monophthongierung Diphthongwert. Hier wird folgerichtig auch ‹ai/ay› (< mhd. *ei*) konsequent von ‹ei/ey› (< mhd. *î*) geschieden (vgl. Teilsenkung 4.2.9).

Die Dehnung des Vokals kann auch durch *h* ausgedrückt werden, sobald dieses seinen Lautcharakter als Hauchlaut aufgegeben hat (nhd. *sehen, sah*).

T2 zeigt, dass Langvokal auch gänzlich unmarkiert bleiben kann: *tiden* [1], *boke* [6/7].

Die Verdoppelung von Vokalen zum Zeichen ihrer Länge tritt ab Beginn des 16. Jahrhunderts v.a. im Hochalemannischen in Erscheinung.

3.6 FESTLEGUNG DER DISTRIBUTION

So ungeregelt die Orthographie auch sein mag, so ist doch die Tendenz zur festgelegten Distribution einzelner Zeichen zu beobachten:

3.6.1 *s, ſ, z, sz*

‹z› als Zeichen für dentalen Reibelaut, der in der zweiten Lautverschiebung aus /t/ entstanden war, wird aufgegeben. An seine Stelle tritt ‹s, ſ› oder die Ligatur ‹sz›(‹ß›).

> Beide Möglichkeiten zeigt T1 unmittelbar nebeneinander in Z. 2 in *Das mûsz*; T3a/b: *das/ Das* (39); T4: *groiſſer* (13).

‹z› bleibt aber für Affrikata im Gebrauch und wird als solche medial oft durch Digraphie ‹cz, tz, tcz› u.ä. verdeutlicht.

> T1: *verzagten* (5), *hertzen* (1).

Für den anderen, älteren dentalen Reibelaut, von dem man annimmt, dass er schon im Mhd. leicht palatalisiert gesprochen wurde, steht (wie schon im mittelalterlichen Schreibsystem) am Wortanfang (initial) und im Wortinneren (medial) Schaft-‹ſ› während am Wortende (final) rundes ‹s› im Gebrauch ist:

> T1, *ſelen* (2), *eines* (5), *agelaſter* (6); T2: *erſte* (1), *herueſtes* (13).

Als Majuskel-Zeichen steht nur rundes *S* zur Verfügung.

> T1: *So* (13).

In den meisten Editionen wird Schaft-‹ſ› der Handschrift bzw. des Wiegendrucks als rundes ‹s› wiedergegeben.

3.6.2 *r*

Auch für die Liquide /r/ stehen zwei Schreibvarianten zur Verfügung: Ein rundes, eng an den vorherigen Buchstaben angeschlossenes ‹r› erscheint nach bauchigen Buchstabenformen wie ‹o, b, p›.

> Vgl. T2: *gehort* vs. *gelert* (8); T5: *verporgen* vs. *gar* (10).

3.6.3 *u, v*

Die Verteilungsregel ist hier so angelegt, dass gleichgültig, ob nun Vokal oder Reibelaut gemeint ist, initial ‹v› bevorzugt wird, medial hingegen ‹u›:

> T1 vokalisch: *sur* (2) *vnd* (3), *vnstendige* (10); konsonantisch: *varbe* (6), *vinsteruar* (12); T2 vokalisch: *vnde* (4), *vnderwilen* (11); konsonantisch: *schriuet* (6), *vasten* (9); T4 vokalisch: *durch* (2), *vperweckt* (4); konsonantisch: *leuen* (32), allerdings *Uan* in der Majuskel (1).

3.6.4 *i, j, y*

‹y› steht zeitweise (v.a. in alemannischen Texten) für mhd. langes /i:/. ‹i› und ‹j› sind so verteilt, dass medial stets ‹i›, initial und final ‹j› bevorzugt wird. Die Unterscheidung von Majuskel ‹I› und ‹J› ist in Handschriften generell äußerst schwierig.

Als Bestandteil römischer Zahlen repräsentieren ‹i› und ‹j› die Einer in der Weise, dass initial und medial immer ‹i›, final ‹j› steht:

T2: Lagenzählung *aij* am unteren Rand, außerhalb des Satzspiegels; T3a: tendiert initial zur Majuskel *I*, z.B. Z. 65!

In ripuarischen Handschriften und Inkunabeldrucken tragen ‹i, j, y› oft die Funktion der Dehnung des davor stehenden Vokals:

T4: *boicher* (3); *vlijslich* (4); *vysz* (12) [mhd. *ûz*].

<table>
<tr><td>3.7 KONSONANTEN-
HÄUFUNG</td><td>Von „Konsonantenhäufung" spricht man nur, wenn einem gehäuften Auftreten von Konsonantenzeichen kein Lautwert zukommt:</td></tr>
</table>

T1: *blancken: gedancken* (13-14). In T2, bei *cappittel* (1) liegt wohl Markierung der Vokalkürze vor, während bei *amplikch* (9) in T3b u.ö. durch ‹kch› zweifellos die Affrikata ausgedrückt ist, die aus /k/ in nicht-postvokalischer Stellung während der zweiten Lautverschiebung entstanden war.

3.8 ABKÜRZUNGSZEI-CHEN

Ein System von Abkürzungszeichen (Kürzeln) wurde vom Schreibmodus lateinischer Codices, wo es viel stärker ausgeprägt war, in deutsche Handschriften und von dort auch in die Inkunabeln übernommen.

T5: *ho(m)i(n)es* (5), *te(m)pore* (17).

Die gebräuchlichsten Kürzel sind „Nasalstriche", die als *m* oder *n* aufzulösen sind sowie *r-/ er*-Haken:

T2: *hebbe(n)* (3), *sake(n)* (19); T4: *hoere(n)* (6), *kunne(n)* (9), *ku(m)pt* (13); *d(er)* (6), *vnd(er)winde* (6).

In der Endsilbe *-en* kann auch der vokalische Bestandteil durch Kürzel ersetzt sein, etwa *habñ*. Bei *vñ* (z.B. T2, 12) ist das Kürzel, das wie Nasalstrich aussieht, zu ‹d›, das Wort also zu *vnd* aufzulösen. *daz* bzw. *das* ist oft zu *dz* verkürzt. Für die lateinische Endung *-us* ist Kürzel in Form einer *9* weit verbreitet: *Ecclesiatic9: Ecclesiastic(us)* oder sogar *Au9: Au(gustinus)*.

3.9 DIAKRITISCHE ZEICHEN

Von Kürzeln zu unterscheiden sind verschiedene diakritische Zeichen wie ", `, ´, ^, $\overset{a}{}$, $\overset{e}{}$, $\overset{i}{}$, $\overset{o}{}$, $\overset{u}{}$. Ihre Bewertung bereitet oft große Schwierigkeiten. Sie können im Einzelfall Umlaut, Diphthong oder (als Rest alter Diphthongzeichen) auch Länge des überschriebenen Vokals bedeuten. Diakritika stehen aber auch oft an Stellen, an denen man ihnen Lautwert kaum zusprechen kann, fehlen andererseits häufig, wo man sie nach lautgeschichtlichen Erwägungen (v.a. in mitteldeutschen Texten) erwarten möchte. Oberdeutsche Schreibschulen übernahmen bei der Durchsetzung der Umlautmarkierung Vorreiterfunktion.

Als Umlautzeichen zu verstehen ist zweifellos der Akut in T1 bei *múgen, antlútz, trúbelechte* (17, 22, 24) sowie T3a: *súnden, wúrt* (24 u.ö.); T2 weist keine Diakritika auf.

3.10 AUSLAUTVER-
HÄRTUNG

Auslautverhärtung wird, obwohl sprachlich bis heute reali-siert, in frnhd. Zeit immer seltener notiert.

4. Lautung

»

Die Lehre von der Lautung einer Sprache heißt Phonologie oder Phonematik. Gilt der Lautung der Zeichen die besondere Aufmerksamkeit, so werden sie in Phonemstriche / / gesetzt.

Grundsätzlich problematisch ist der Rückschluss von der Schreibung auf die Lautung (Ebert/ Reichmann/ Solms/ Wegera: *Frühneuhochdeutsche Grammatik*, S. 13-25). Man geht im allgemeinen davon aus, dass sich Veränderungen der Lautung erst mit einer gewissen zeitlichen Verzögerung in der Schrift niederschlagen. Doch ist umgekehrt auch mit der Möglichkeit zu rechnen, dass etwa die Druckersprache der allgemein in der Region verwendeten Stadtsprache, also der Art, wie man in diesem Druckort ,populariter' sprach, vorauseilte. Im übrigen ist in den Druckersprachen ein Hang zur Standardisierung zu verzeichnen, der in dem Bestreben begründet sein dürfte, eine allgemeine Verständlichkeit zu erzielen und damit einen größeren Absatzmarkt zu gewinnen. Manche Lautveränderungen fanden in der Schrift keinen Niederschlag (s.u. 4.1.1 „Konsonantenschwächung"):

4.1 KONSONANTISMUS Die erste Lautverschiebung stellte ein zentrales Kriterium für die Herausentwicklung des Germanischen aus der indogermanischen Sprachfamilie dar, die zweite Lautverschiebung beschreibt die wichtigsten Veränderungen innerhalb des Konsonantismus bei der Entwicklung des Hochdeutschen (genauer: des Althochdeutschen) aus der gemeingermanischen Sprachengruppe. Ähnlich umfassende Lautwandelerscheinungen sind für den Konsonantismus im Frühneuhochdeutschen nicht zu verzeichnen. Die Verschiebungsgebiete der zweiten Lautverschiebung (Kap. 2) sind im allgemeinen konstant geblieben, geringe Verlagerungen sind erkennbar, wie dies schon oben (2.2) beschrieben wurde: Das Verschiebungsgebiet von /p/>/pf/ (nichtpostvokalisch) wird etwas größer, dasjenige von /k/>/kch/ schrumpft. Doch ergaben sich gegenüber dem Mhd. auch einige markante Veränderungen, die auffälligsten (vor allem diejenigen, die eine Lokalisierung von Texten ermöglichen) seien hier genannt:

Innerhalb der zweiten Lautverschiebung findet die Verschiebung der stimmlosen Verschlusslaute (Explosivlaute)
/p/, /t/ und /k/ die größte Beachtung (s.o.). Betroffen sind
aber auch die stimmhaften Verschlusslaute. Das folgende
Bild veranschaulicht, in welch unterschiedlicher Intensität
die Veränderungen eintreten (nach diesem Muster ist die
Tabelle „Entwicklung des Konsonantismus vom Idg. bis
zum Nhd." [Kap. 2] zu präzisieren):

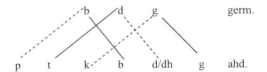

Unberücksichtigt bleiben hier die komplizierten Verhältnis-
se der binnenhochdeutschen Lenisierung (Konsonantenschwächung), die wegen des teilweisen Zusammenfalls der
Lenes/ Mediae, die Stimmtonverlust erleiden, und der For-
tes/ Tenues, die einer Schwächung des Atemdrucks unter-
liegen, in den schriftlichen Quellen schwer nachzuweisen ist
(am klarsten dargestellt bei v. Polenz: *Deutsche Sprachgeschichte*, 4.3.F., S. 152-154).

- /p/, das in der zweiten Lautverschiebung aus /b/ entstanden war, ist instabil. Nur im (Silben-) Anlaut ist
es v.a. bairisch in frnhd. Zeit noch erhalten, in der
Geminate wurde es zur Affrikaten /pf/: „schöpfen".

T3b: *pitten, parmhertzigen* (7), *amplikch* (9).

- Erleidet /b/ einen Stimmtonverlust zu /p/ vor Dental
(nach Synkope, vgl. 4.2.10), so spricht man von
„Teilassimilation": *ambet > ampt*; *houbet > houpt*.

- V.a. im Bairischen, aber auch in Teilen des Alemannischen sowie des Mittel- und Niederdeutschen
steht bisweilen inlautend Reibelaut /v/ (‹w›) für /b/:
arweiten.

T2: *heruestes* (13), T4: *schreue* (21, „schriebe"); *schreyff* (22,
„schrieb").

- Eine auffällige Häufung von /d/ im Anlaut spricht
für westmitteldeutsche Herkunft des Textes, da dort
die Verschiebung von /d/ zu /t/ in der zweiten lautverschiebung unterblieben ist. Man müsste aber ggf.
prüfen, ob im Einzelfall nicht ein /d/ vorliegt, das

aus indogermanisch /t/ über germanischen Reibelaut /þ/ regelmäßig im ganzen Sprachraum entstanden ist wie z.B. bei ahd. *bruoder* (got. *brôþar*).[3]

T4: *druckt* (5).

- Hingegen steht im Oberdeutschen v.a. vor *r*, bisweilen auch vor Vokal /t/ (</d/, 2. LV) an entsprechender Stelle:

T1: *tummen* (16), unsicher ist die Wertung einer Schreibung wie *thůt* (6); T3b: *hellen tör* (34); T3a: *erterrich* (59 „Erdreich") geht auf germ. *þ* zurück, vgl. Fußnote 3.

- Mhd. Lenisierung von /t/ nach Liquid und Nasal setzt sich im Frnhd. fort: *gehalden, sulde, virde, alde, halden, vnder*, nhd. erhalten in *Hürde, Odem*.
- Aus der mhd. Verbindung von /t/ + /w/ entsteht überwiegend /zw/ (*zwerch*), im Ostmitteldeutschen bisweilen /kw/ (*Qualm, Quark, quer*).
- Als „*t*-Epithese" bezeichnet man unhistorisch angelagertes /t/ am Ende eines Wortes: *iemant* (<*ieman); nirgent* (<*nirgen); vollent(s)* (<*vollen); Palast* (< *palas*); aber auch *Mond* (<*mâne* mit Lenisierung; zum Vokalismus s.u. 4.2.7). Form ohne /t/ überwiegt frnhd. noch bei *obes*. Nicht in die Standardsprache eingegangen ist mancherorts gesprochenes *ebent*.

4.1.1.3 GUTTURALE VERSCHLUSSLAUTE *g* UND *k*
L→

- Das in der zweiten Lautverschiebung oberdeutsch aus /g/ entstandene /k/ (ahd. *kast, keban*) wurde schon in spätahd. Zeit zumeist wieder zurückgenommen (ahd. *gast, geban/ geben*).
- /j/ (stimmh. Reibelaut) anstelle von mhd. /g/ tritt im Anlaut mitteldeutsch und nürnbergisch auf: *jut* (md.); *jach, jar* (nürnb. für *gâch* und *gar*); in die Schriftsprache aufgenommen wurde *jäh(lings)* < mhd. *gâch*.
- Im Inlaut erscheint anstelle von mhd. /g/ gutturaler Reibelaut ‹gh,ch› im Niederdeutschen, Mitteldeutschen und Nürnbergischen: *jaghen, volghen, sachen*.

T2: *secht* (13 „sagt") und hier auch im Anlaut *gheseen* (3, 7), *ghemenliken* (16).

- In mitteldeutschen Texten wechselt vor allem im In- oder Auslaut /k/ mit /g/: *wirglich, margt, krang*; standardsprachlich in dieser Form erhalten bei *Sarg*

---

[3] Selbst hier gab es wieder Ausnahmen, indem *þ>t* vor w, vereinzelt vor Vokal: *tausend, teutsch*.

und *Werg*.

- Gutturaler Reibelaut wird zum Verschlusslaut vor *s*: *fuchs, sechs*; frnhd. belegt: *wagsen*.

4.1.2 DIE MHD. REI-BELAUTE *s* UND *z*

- Mhd. /*s*/, von dem man annimmt, dass es schon in mhd. Zeit zur Unterscheidung von /*z*/ leicht palatalisiert gesprochen wurde, erfährt nun eine vollständige ‚Palatalisierung'.

a) vor Konsonant im Anlaut: *snîden > schneiden; slange > schlange*; (frnhd. gelegentlich auch vor *p* und *t* notiert: *geschprochen, schpill*) sowie

b) inlautend und auslautend nach *r*: *kirsche, hirsch, morsch, bursche*, aber *vers, ferse, mörser, wurst*.

Das weite Verbreitungsgebiet wird durch Belege in allen Textbeispielen bestätigt, T1: *Geschmehet* (3), *schwartze* (11); T2: *scharpesten* (20), aber *beslotene* (24); T3a/b: *geschriben* (29, schon mhd. < ahd. *giscriban*); T4: *schreue, schreyff* (21, 22).

- Palatalisierung in anderen Positionen (inlautend vor Konsonant) findet sich in elsässischen und schwäbischen Texten (*faschten*).
- Zu den verschiedenen Schreibungen der *s*-Laute vgl. 3.6.1!

Im niederdeutschen T2 kann dieses aus der zweiten Lautverschiebung hervorgegangene /*z*/ natürlich weder als Reibelaut noch als Affrikate vorkommen: *Dat, wat, tiden* (1, 2).

- Die Geminaten /ss/ und /zz/ werden stets zu stimmlosem Reibelaut.

4.1.3 DIE HALBVOKA-LE *w* UND *j*

- Mhd. /*w*/ (‹w, ŵ, u, v›) wird vokalisiert, wenn es nach /â/ oder Diphthong steht: *brâwe > brawe* ([ao])/ *brauwe/ braue; klâwe > klaue; houwen > hauen*. Nach anderen Langvokalen fällt *w* ganz aus: *bûwen > bauen; niuwez > neues*; erhalten ist /*w*/ in *ewig* und *löwe*. Insbesondere nach Liquid wird *w* zu *b*: *swalwe > schwalb(e)*.

T1: *varbe* (11).

- Der Halbvokal /*j*/ fällt inlautend zwischen Vokalen aus: *næjen > nähen; blüejen > blühen*; aber niederdeutsch *Koje, Boje*. Nach Konsonant steht ‹g› oder ‹ch›: *scherje > scherge; lilje > lilge*.

- Hauchlaut /*h*/ bleibt intervokalisch in der Schreibung erhalten, als Laut schwindet er.

T2: *gheseen* (3, 7).

- In einigen Lexemen tritt nach Verstummen des /*h*/ Synkope ein: *gemahl, zehn.*
- Schwund des Hauchlauts und des im Auslaut sowie vor Konsonant stehenden Reibelauts aus ‚System-zwang' lässt sich in folgenden Fällen beobachten: *schuoch > schu; sach > sah; siht > sieht.*
- *h* wird als Dehnungszeichen in Lexemen eingeführt, denen etymologisch kein ‹*h*› zukommt: *varn > fah-ren.*

- Formen vollständiger oder teilweiser Assimilation sind:

mb > mm: kumber > kummer; lamp > lamm; historische Schreibweise teils bis ins 17. Jahrhundert erhalten: *ampt, allesampt.*

T1: *tummen* (16 < mhd. *tumben*).

nb > mb: anbôz > ambo/z; enbor(e) > empor; enphinden > empfinden.

- Bei gehäuftem Auftreten von Nasal und Liquide kann Dissimilation eintreten: *prior > priol*; *samenen > samelen; klobelouch > knobelouch; dörper > Töl-pel; côrper > côrpel.*

Die nachstehende Tabelle (zusammengestellt nach I.T. Piirainen: *Die Diagliede-rung des Frühneuhochdeutschen*) zeigt die graphische Realisation von Konsonanten im Frühneuhochdeutschen:

Mhd.	Wmd.	Omd.	Wobd.	Oobd.
/b/	(keine Aussage)	(keine Aussage)	‹p› im Anl. glgtl.: *plitz, blitz;* ‹b› im Inlaut, nalem. auch ‹w›: *erben, erwen;*	‹p› im Anl. bair. u. oft ofr.: *plat;* jedoch Vorsilbe *be-;* intervok. bair. (selt. ofr.) ‹w›: *erwen;*
/pf/	‹p› im Anl.: *plegen;* ‹pp› im Inl.: *kopper;*	‹pf›: *pflaume, hüp-fen, topf;* ‹f› glgtl. im Anl.: *fingsten;* ‹pp› glgtl. im Inl.: *schnuppen;*	(keine Aussage)	(keine Aussage)
/f/	‹f› u.a. ‹p› im Ausl.: *dorp, dorf;*	(keine Aussage)	(keine Aussage)	(keine Aussage)
/d/	(keine Aussage)	(keine Aussage)	‹d› u. ‹t› im Anl.: *drei, tringen;* ‹d› im Inl.: *beiden;*	‹t› im Anl.: *tulden, trey;* ‹d› im Inl.: *meiden;* ‹d, dt› bei Auslverh.: *tod, todt;*
/t/	‹d› u. ‹th› im Anl.: *dag, gethain* [a:]; ‹d› u. ‹dt› bei Ausl-verh.: *geld, geldt;*	‹t› im Anl.: *tag;* auch ‹d› im Inl. nach Nas.: *hinden;* ‹d› u. ‹dt› bei Ausl-verh.: *tausend, feindt;*	nalem u. schwäb. auch ‹d›: *dochter;* ‹d› u. ‹dt› bei Ausl-verh.: *tod, todt;*	(keine Aussage)
/tv/ (‹tw›)	‹zw›: *zwingen;*	‹zw›: *zwinger;* auch ‹qu›: *quinger;*	‹zw›: *zwingen;*	‹zw›: *zwingen;*
/g/	(keine Aussage)	(keine Aussage)	(keine Aussage)	‹g›, glgtl. ‹gh›: *ghanz;*
/k/	‹k›, glgtl. ‹g›: *haken, merglich;* im. Ausl. bei Spi-rantisierung ‹g›, häufig ‹ch›: *dach (tag);*	(keine Aussage)	im Anl. ‹k›, selten ‹ch›: *kauffen, chauf-fen;* im Inl. glgtl. ‹ckh›: *schickhen;*	‹k›,: *kind,* ‹ch›: *chunig,* ‹kh›: *khünig,* ‹ckh›: *ackher;* ofr. auch ‹gk›: *bag-ken;*
/sl/, /sm/, /sn/, /sv/	‹schl›...: *schlaifen* [a:];	‹schl›...: *schlafen;*	‹schl›...: *schleifen;* glgtl. auch ‹schp›, ‹scht›: *schprechen;*	‹schl›...: *schlafen;*

4.2 VOKALISMUS   Die markantesten Entwicklungen vom Mhd. zum Frnhd.
auf dem Gebiet der Lautung stellen die Erscheinungen der
Diphthongierung, der Monophthongierung und der Dehnung kurzer offener Tonsilben dar. Die Veränderungen
bleiben teils auf einzelne Regionen beschränkt, teils setzen
sich auf dem gesamten hochdeutschen Gebiet durch.
In den folgenden Schaubildern sind die Erscheinungen des
frnhd. Vokalismus aus rein praktischen Gründen in einem
gemischten Verfahren dargestellt: Karte 1 zeigt, in welchen
Gebieten Diphthongierung, Monophthongierung und Entrundung nicht eingetreten sind. Die zweite Karte weist
komplementär dazu (positiv gewendet) die Gebiete aus, in
denen die übrigen Phänomene des frnhd. Vokalismus voll-
ständig oder eingeschränkt (runde Klammer) zu verzeichnen sind.

Vokalismus des Frühneuhochdeutschen 1

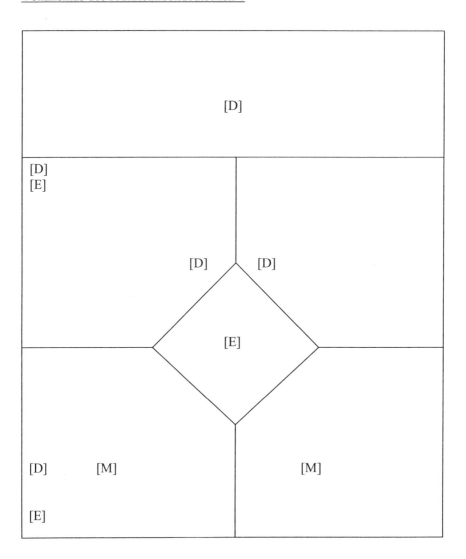

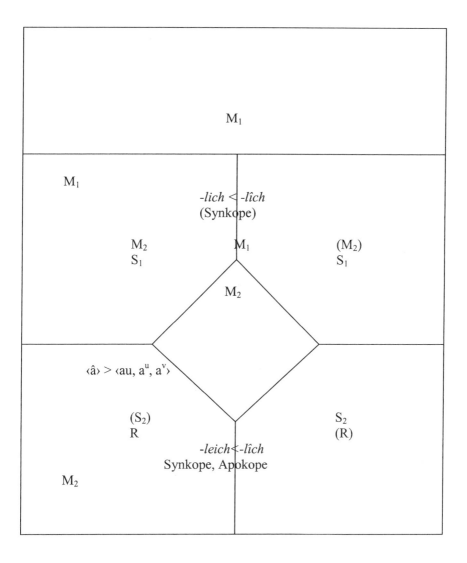

4.2.1 **D**: DIPHTHON-
GIERUNG, FRÜHNEU-
HOCHDEUTSCHE
L→

Von der Diphthongierung betroffen sind die mhd. Langvo-
kale /î/, /û/ und /iu/ ([ü:]). Die Erscheinung ist im südöstli-
chen Oberdeutschen zuerst zu beobachten und pflanzt sich
dann Richtung Nordwesten fort (Hergang umstritten). Das
Alemannische und Ripuarische, die einander benachbarten
Teile des Thüringischen und Hessischen sowie das ganze

niederdeutsche Sprachgebiet bleiben von dieser Entwicklung ausgeschlossen.

> Von unseren Texten zeigt T1 aus Straßburg 1477 Diphthongierung von *î* durchwegs (1 *zweiffel*, 15 *beispel*), auch im Reim (23/24 *gesein, schein*), für Diphthongierung von *iu* gibt es im präsentierten Textausschnitt nur einen Beleg (16 *leúten*, im weiteren Verlauf zeigen sich auch Gegenbeispiele z.B. *trúwe* < mhd. *triuwe*), *û* ist im Reim (Z. 1/2) erhalten (*nachgebur/ sur*) andernorts aber auch diphthongiert (*trauren* < mhd. *trûren*). Handschriften aus derselben Region zeigen hinsichtlich der Diphthongierung unter Umständen einen anderen Befund (vgl. T3a: 4 *riches*, 14 *vßwendigen*, 34 *túffels*, 56 *ein wil* [„Weile"]).
> T2 aus Lübeck 1474 zeigt erwartungsgemäß keine Diphthongierung (2 *tiden*, 4/5 *tuchnisse* [mhd. *ziugnisse*]), die bairische Variante der Predigt T3b dagegen durchwegs (4 *reiches*, 14 *auswendigen*, 34 *tewfels*).

In den Regionen, in denen sich die Diphthongierung durchsetzt (vgl. *lewt, lewt*[*e*]*n* in T3b vs. *lúte, lúten* in T3a, 19 und 37), fallen die neuen Diphthonge mit den alten /ei, ou, öu/ zusammen, da deren erster Bestandteil jeweils gesenkt wird (/ai, au, äu/, vgl. mhd. *bein, troum, fröude*).

Eine Sonderentwicklung nimmt mhd. /iu/ im Mitteldeutschen vor *w*, wo /iu/ schon in mhd. Zeit zu /û/ wurde, was dann zu /au/ diphthongiert wird. Daraus ergibt sich die Opposition von mitteldeutsch *grawlich* gegen oberdeutsch *grewleich* (zur Nebensilbe s. u. 4.2.11).

Nur im Schwäbischen wird mhd. langes /â/ zu /au/ (‹au, ǎ, ǎ̊›) diphthongiert (vgl. 4.2.7).

4.2.2 M: Monophthongierung, mitteldeutsche L→

Von der schon im Hochmittelalter einsetzenden Monophthongierung sind die mhd. Diphthonge /ie/, /uo/ und /üe/ betroffen. Sie werden zu /ie/, /u/ und /ü/ ([i:], [u:], [ü:]). Die Monophthongierung ist oft schwierig nachzuweisen, da vor allem bei /ie/ die alte Graphie erhalten bleibt und der zweite Diphthongbestandteil /e/ einen Funktionswandel zum bloßen Dehnungszeichen ‹e› erfährt. Im Oberdeutschen setzt sich diese Monophthongierung nicht durch (daher dort [M]), doch tritt meist eine Veränderung des zweiten Diphthongbetandteils ein. Das Ostfränkische (Nordoberdeutsche) ist in die Entwicklung der Monophthongierung einbezogen. Dies belegen auch die zahlreichen Quadrate um Würzburg, Bamberg, Nürnberg im kartographisch umgesetzte Belegmaterial (Überlieferungszeugen von Ottos von Passau: *Die vierundzwanzig Alten*) von W. Besch: *Sprachlandschaften*, S. 80, Karte 2a:

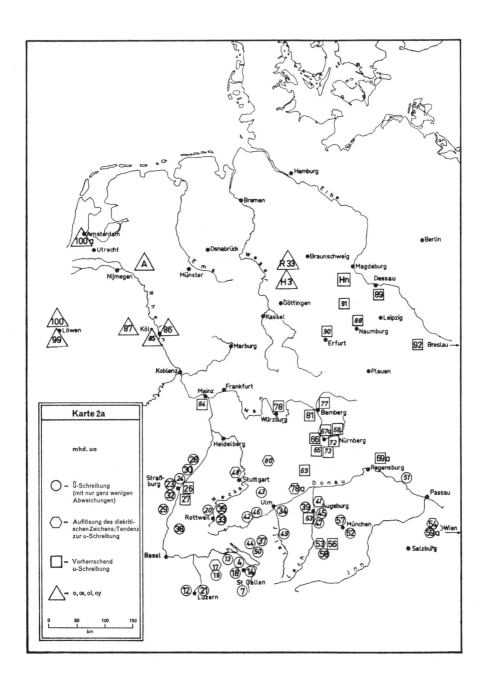

Karte 2a

mhd. uo

○ = ͦu-Schreibung (mit nur ganz wenigen Abweichungen)

⬡ = Auflösung des diakritischen Zeichens; Tendenz zur u-Schreibung

▢ = Vorherrschend u-Schreibung

△ = o, œ, oi, oy

0   50   100   150
km

Demnach müssten in T1 die Digraphien *gezieret* (3), *fliegende* (15) sowie mit *o* überschriebenes *u* in *mŭsz* (2), *Zŭ* (20) und *Gewŭchsz* (27) als Diphthonge aufzufassen sein. In T3b aus Kärnten lässt sich die Veränderung des zweiten Diphthongbestandteils von *uo* belegen in *puech* (12), *guet* (40) und *gût* (42). In diesem Text zeigt sich auch einer der wenigen Fälle, wo auch im Oberdeutschen regelmäßig monophthongiert wird: *nymmer, nymer* (9, 16. Außerdem auch *immer* und die Präterita der Ablautreihe 7: *fing, ging, hing*).

4.2.3 M₁: MONOPH-THONGE *ê* UND *ô* FÜR MHD. *ie* UND *uo*

L→

Eine andere Art von Monophthongen (wir sprechen hier nicht von ‚Monophthongierung'!) tritt im gesamten Niederdeutschen sowie im Ripuarischen, Osthessischen und Westthüringischen auf. Hier stehen die alten germanischen Monophthonge /ô/ und /ê/, aus denen die Diphthonge /uo/ und /ie/ im Ahd. erst hervorgegangen waren. Vgl. Symbol Δ in oben stehender Karte 2a aus W. Besch: *Sprachlandschaften*!

Das Phänomen ist erwartungsgemäß in T2 deutlich zu beobachten in den Formen: *bokes* und *boke* (14f. und 23) sowie *verden* („vierten" 25) und T4: *boicher* (3) und *soichen* („suchen", mhd. *suochen* jeweils mit ⟨i⟩ als Längenzeichen), *zo, tzo* (6, 7), aber *Hye* (4).

4.2.4 M₂: MONO-PHTHONGE *ê* UND *ô* FÜR MHD. *ei* UND *ou*:

L→

Im Mitteldeutschen (v.a. Westmitteldeutschen), Ostfränkischen und im Niederdeutschen sowie eingeschränkt im Alemannischen werden die Diphthonge /ou/ und /ei/ (⟨au/ou; ai/ei⟩), möglicherweise in Fortsetzung der ahd. Monophthongierung in AR 1b und 2b, zu /ô/ bzw. /ê/ monophthongiert und fallen in den entsprechenden Gebieten unter Umständen mit /ô/ und /ê/ zusammen, die anstelle von mhd. /uo/ und /ie/ stehen: *cleder, sten* („Stein"), *hobt, ogen, bom*.

T1: *trom, rom* und *ropffet* für mhd. *troum, roum* und *roufet* (21, 22, 26); (*frôde* für mhd. *fröude* [25] ist wohl als Senkung [vollständige Kontaktassimilation] des /u/ auf das /ö/ hin aufzufassen); T2: *ener heten* („einer heißen" 11 f.); *ok* (19, mhd. *ouch*) *ghemenlyke(n)* (20); aber *meyster* (13, 19, 24). Nicht T4!

In die Standardsprache fanden Eingang nur *wenig* < mhd. *wênic/ weinic* und *Lehm* < mhd. *leim*.

Mhd. runde („labiale') einfache Vokale und Diphthonge
werden im hochdeutschen Sprachraum außer im Hochalemannischen, Ostfränkischen und Ripuarischen entrundet:
/ö/ > /e/; /oe/ > /e/ ([e:]); /ü/ > /i/; /iu/ ([ü:]) > /i/ ([i:], evtl.
dann diphthongiert zu /ei/).
/öu/ und /eu/ > /ei/; /üe/ >/ ie/.
Die Erscheinung ist zuerst im Bairischen zu beobachten.
Entrundete Formen sind nur selten in die Standardsprache
eingegegangen: *Kissen* < mhd. *küssen; spritzen* < mhd.
sprützen; streifen < mhd. *ströufen; ereignen* < mhd. *er-
öugnen*; *Pilz* < mhd. *bülz*. Auch Reime innerhalb der nhd.
Literatur belegen das Phänomen (*entzückt : geblickt; füllt :
Bild*; *müde : Friede; König : wenig*).
Das Beispiel *müde* < mhd. *müede* zeigt deutlich die Diskre-
panz zwischen Schreibsystem und mündlicher Realisie-
rung. Das Wort wird in den meisten Regionen des deutschen Sprachraums (ausgeschlossen sind die oben angege-
benen Gebiete) entrundet artikuliert (vgl. folgende Karte
aus W. König: *dtv-Atlas*, S. 148).

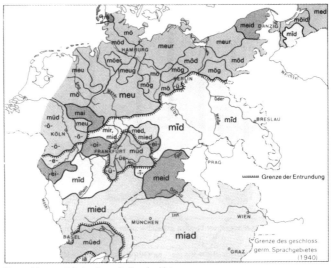

Geographie von *müd*-e im ehem. dt. Sprachgebiet

4.2.6 R: RUNDUNG
L→

Der Entrundung entgegengesetzter Vorgang: Die ,Labialisierung' von mhd. /e/, /ê/ und /i/, /î/ zu /ö/ und /ü/, die vor allem nach /w/ eintritt. Hauptverbreitungsgebiet ist innerhalb des Hochdeutschen das Alemannische, doch hat auch Luther *zwolf, fromede, ergötzen* neben nicht gerundetem *wirde, liegen* („lügen"). In die Standardsprache sind *Hölle* < mhd. *helle; schwören* < mhd. *swern; zwölf* < mhd. *zwelf* (vgl. nachstehende Karte 14 aus W. Besch: *Sprachlandschaften*, S. 101); *Würde* < mhd. *wirde; flüstern* < mhd. *flistern* und *fünf* < mhd. *finf* eingegangen.

T3a und b zeigen *helle/ hell* ungerundet (25); aber T3a *wúrt* vs. T3b *wirt* (24).

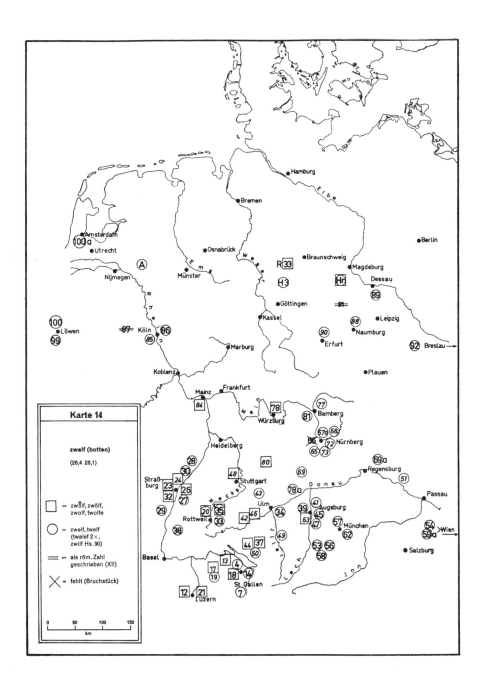

Karte 14

zwelf (botten)

(26,4 28,1)

☐ = zwölf, zwölf,
zwolf, twolfe

◯ = zwelf, twelf
(twalef 2×,
zwilf Hs. 90)

= = als röm. Zahl
geschrieben (XII)

✕ = fehlt (Bruchstück)

0   50   100   150
km

●Hamburg

●Bremen

●Amsterdam
●Utrecht

Ⓐ

Nijmegen

●Osnabrück

●Münster

R 33

H 3

Hr

89

●Berlin

●Braunschweig
●Magdeburg
Dessau

●Göttingen

●Kassel

88
90

●Leipzig
●Naumburg

●Erfurt

92 Breslau→

100
●Löwen
99

87 Köln 86
85

●Marburg

Koblenz

●Frankfurt
Mainz
84

Heidelberg

78
Würzburg
81

77
Bamberg

67a 68
66
65 73

72 Nürnberg

●Plauen

28

Straß-
burg
23
32

24
30
26
27

29

Rottweil

39

48
Stuttgart
80

43

20 35
33

42 46

69a
Regensburg
51

69

78a

34

D o n a u

41 Augsburg
39 45
63 47

57 München
62

Passau

54
59a →Wien

44 37
50

49

53 56
58

●Salzburg

13
4
17 18 14
19 St. Gallen
12 21 7
Luzern

Basel

43

4.2.7 VERDUMPFUNG	Der Wandel von mhd. /â/ zu /o/ ([o:]) vor allem in Nach-barschaft von Nasalen und Dentalen, die bisweilen auch als Rundung bezeichnet wird, ist eher unter dem Begriff der Verdumpfung zu fassen: *âne > ohne; mâne > Mond; mânôt > Monat; wâc > Woge; quât > Kot; âmacht > Ohnmacht* u.a.m. In verschiedenen Teilen des Bairischen und Ale-mannischen ist die Erscheinung noch weiter verbreitet (vgl. *stond, hond* und Reim *bâten : verschrôten*).

Umgekehrt begegnet hier auch /a/ ([a:]) anstelle von nor-malmhd. /ô/: *rat, astern* für *rôt* und *ôster(e)* (niederösterei-chisch) sowie (mittel- und südbairisch) *-ar-* für *-or-*: *wart, warden, verwarfen*.

> T1: *wo* vs. mhd. *swâ* (4); *do* vs. mhd. *dâ* (26)

Im Schwäbischen wird mhd. /â/ zu /au/ diphthongiert: *ge-taun* < mhd. *getân; măss < mâze*. Der zweite Diphthongbe-standteil ist oft überschrieben.

4.2.8 S₁: SENKUNG *u* > *o* L→	Im Mitteldeutschen werden bevorzugt vor Nasalen mhd. /u/ und /ü/ zu /o/ und /ö/ gesenkt: *sun > son; künec > könig/konig; sunst > sonst; sumer > somer; mügen > mögen; durst > dorst*.

> T2: *somere* (12) aber *kumpt* (2, 17); T3a: *sollent, sonne* und *mögent* gegen T3b *schullen, sünn* und *múgen* (7, 13, 21); T4: *vonden* (2).

In der Position vor *m* und *n* sind die gesenkten Formen zumeist in die Standardsprache übernommen worden (*Sohn, Sonne, König, besonders, Antwort*).

Eine Senkung von *i* zu *e*: *hemel, vrede, seben, wetwe*, wie beispielsweise in Rothes ‚Ritterspiegel' (Reichmann/ We-gera: *Frühneuhochdeutsches Lesebuch*, S. 73-75), ist selten und ganz aufs Mitteldeutsche beschränkt.

4.2.9 S₂: (TEIL-) SEN-KUNG *ou* UND *ei > au* UND *ai* L→	Die Teilsenkung von einem der beiden Diphthongbestand-teile ist konsequent im Ostoberdeutschen eingetreten. Dies führt in der Schreibung zu einer konsequenten Trennung der Nachfolgediphthonge von mhd. /î/ (‹ei›) gegenüber mhd. /ei/ (‹ai›) im Bairischen und Schwäbischen bis zum 15. Jahrhundert.[4]

> T3b: *chlarhaitt, ain* (10), *aigne* (18) vs. T3a: *klarheit, ein* (9/10) und *eigen* (17). T1 aus Straßburg zeigt schwankenden Gebrauch: *baide,*

---

[4] Genaugenommen ist das Verbreitungsgebiet der Teilsenkung von /ou/ (Ostoberdeutsch und schwäbisches Grenzgebiet, Ostfränkisch, Teile des Ostmitteldeutschen) nicht genau de-ckungsgleich mit dem Gebiet der Teilsenkung von /ei/ (Ostoberdeutsch, Westoberdeutsch außer Niederalemannisch, eingeschränkt Ostfränkisch).

> *tail* (8); *kein* (26).

Später wird in allen Positionen ‹ei› geschrieben. Auch die Teilsenkung von /ou/ und /öu/ zu /au/ und /eu/äu/ ist zuerst im Bairischen zu beobachten.

> T3a: *ougen* und *ougenblick* vs. T3b: *augen* und *augenplikch* (15, 20, 42).

4.2.10 SYNKOPE UND APOKOPE
L→

Erscheinungen der Apokope und Synkope (Wegfall des schwachtonigen /e/ in Nebensilben am Wortende bzw. im Wortinneren) treten bevorzugt im Oberdeutschen (v.a. im Ostoberdeutschen) auf.

> T3a: *sele* (23), *helle* (27), *heißet* (28), *scheidet* (41) u.ö. vs. T3b: *sel, hell, haisst, schaidt.*

Dadurch kommt es zu unterschiedlichen Pluralbildungen bei der Deklination einiger Substantive im Oberdeutschen und im Mitteldeutschen: *wörter* (obd.) vs. *worte* (md.), vgl. 5.2.12.

Formen, die auch im Mitteldeutschen apokopiert bzw. synkopiert auftraten, wurden in die Standardsprache übernommen: *Glaube, gleich, Glück, Gnade, bleiben* < mhd. *geloube, gelîche, gelücke, belîben.*

4.2.11 VOKALISMUS DER NEBENSILBEN
L→

Seit der Festlegung des Wortakzents im Germanischen (im Indogermanischen war der Wortakzent noch ‚frei') wurden die schwach- und unbetonten Silben immer mehr abgeschwächt, vgl. ahd. *boto, hirti, salbôn, suohta* > mhd. *bote, hirte, salben, suohte*. Von der Nebensilbenabschwächung nicht betroffen sind Wortbildungsmorpheme, vgl. nhd. *Mensch-heit, Eitel-keit, täg-lich*. Die Ableitungssilbe mhd. *-lîch* bildete v.a. im Mitteldeutschen schon zu mhd. Zeiten die Kurzform *-lich*, die dann von der Diphthongierung natürlich nicht erfasst wurde:

> T3a/b *freißlichers* vs. *fraisleichers* (50) u.ö.

Flexive sind in manchen Regionen bisweilen in ihrer ursprünglich volltönenden Form erhalten (*-ost, -ote, -ont, -un, -ant*, vgl. Paul/ Schröbler: *Mittelhochdeutsche Grammatik*, § 257), erscheinen v.a. im Mitteldeutschen häufig zu /i/ gehoben (*-i, -in, -int* usw.).

4.2.12 DEHNUNG DER MHD. KURZEN TONSILBEN

Gedehnt werden regelmäßig Kurzvokale in offenen Tonsilben: mhd. *gebliben* > nhd. *geblieben*; mhd. *wonen* > frnhd. *wo(h)nen*; mhd. *bote* > nhd. *Bote* ([o:]).

Bei Einsilbigen auf Nasal oder Liquid wird der Kurzvokal auch in geschlossener Silbe gedehnt: mhd. *der* > nhd. *der*

45

([e:]); *im* > *ihm*.

Gedehnt wird auch in geschlossener Silbe, wenn innerhalb der Flexion Formen vorkommen, die offene Tonsilbe aufweisen (analoge Dehnung aus „Systemzwang"): mhd. *tag* > nhd. *Tag* ([a:]) in Analogie zur Dehnung bei *ta-ges* (Gen.).

Dehnung tritt auch in quantitativem Ausgleich innerhalb der Ablautreihen ein:

mhd. AR IV	*sprach* ([a])	*sprâchen*([a:])	*gesprochen*
nhd.	*sprach* ([a:])	*sprachen*([a:])	*gesprochen*

> Die Dehnung ist bis heute nur spärlich durch Dehnungszeichen markiert und daher auch in den frnhd. Texten schwer nachzuweisen, vgl. T1: *verzagten* (5; < mhd. *verza-get*); *wesen* (7); *gebent* (22). In T1 sind (wie allgemein üblich) auch die alten Langvokale nicht als solche gekennzeichnet, vgl. *selen* (2).
>
> T3b: *gesiecht* (9; < mhd. *ge-si-het*); nicht markiert aber in *geschrieben* (29); deshalb schwer zu beurteilen, ob *h* in *sehen, gesehen* (19, 20f.) u.ä. schon als Dehnungszeichen fungiert oder noch Hauchlaut meint. In T3a ist altes langes /*ê*/ mit Doppel-*e* wiedergegeben (*seele*, 41), in T3b nicht: *sel* (41).
>
> In T4 sind alte Langvokale durch Dehnungszeichen ‹*i,j*› markiert (*groisser* [13]; *gehoirt* [21]; *dair* [33], *hait* [37]), nicht aber solche Vokale, die in offener Tonsilbe stehen und frnhd. hätten gedehnt werden müssen (*haue, dese, gelogen*; 31f.).

Dehnung unterbleibt regelmäßig vor *m* und *t* insbesondere bei Wörtern auf *-er, -el, -en*. In diesen Fällen tritt dann häufig Verdoppelung der Konsonanz ein: *Himmel* (< mhd. *himel*), *Sitte* (< mhd. *si-te* [stM]), aber *Bote* ([o:]). Zu beachten ist in diesem Zusammenhang auch die unterschiedliche Entwicklung des Part. Prät. der AR 1a je nach umgebender Konsonanz: mhd. *geri-ten* > nhd. *geritten*, aber *gebli-ben* > *geblieben*.

> Erhaltene Kürze noch nicht durch Doppelkonsonant markiert in T1: *himels* (9).

In wenigen Regionen (Ostmitteldeutsch, Südbairisch, Teile des Alemannischen) sind alte Kürzen generell erhalten.

4.2.13 KÜRZUNG: Vor *m* und *t*, dort also, wo Dehnung offener Tonsilben unterblieben war, ist sogar Kürzung langer Vokale eingetreten, dazu bevorzugt vor *ht, ft, r* + Konsonant, vgl. nhd. *Jammer, immer, hat, Mutter, dachte, Hochzeit, Licht* < mhd. *jâmer, iemer, hât, muoter, dâhte, hôchzît, lieht*.

Die Tabelle (zusammengestellt nach I.T. Piirainen: *Die Diagliederung des Frnhd.*) zeigt die besprochenen vokalischen Erscheinungen in ihrer je konkreten graphischen Umsetzung:

Mhd.	Wmd.	Omd.	Wobd.	Oobd.
Diphthongierung (D) /î/	‹ei,ey›;‹i,y› *frei, frey; zyt, verschribung*	‹ei,ey› *bleiben, schneyden*	‹ei,ey› (schwäb.); <y> (al.) *leicht, eylen; fry*	‹ei,ey› *mein, frey*
/û/	‹au,aw›;‹u›; ‹ui› *maul, bawen; dhu-sent; huisfrawen*	‹au,aw› *maul, bawen; vf* (selten neben) *auff*	‹au,aw›(schwäb.); ‹u› (al.) *haus, haws; uß*	‹au,aw› *haus, haws*
/iu/ [ü:]	‹eu,ew,eü›; ‹u› *teufel, newen, leut; getruwer*	‹eu,ew,eü› *freundt, newen, leüt*	‹eu,ew,eü› (schwäb.); ‹ü› (nal.) *heute, frew, leüt; hüs*	‹eu,ew,eü›; ‹äu› (bair.) *heute, trewe, leüt; säul*
Monophthongierung (M) /ie/	‹ie,i›;‹e›(**M₁**) *lieben, liben, breve*	‹ie,i› *hier, liben*	‹ie,y› *sie, sy*	‹ie› *liebe,* aber: *immer, dy*
/uo/	‹u›;‹o›;‹oi› (**M₁**) *guten, broder, doin* ([o:])	‹u,v› *buch, brvder*	‹u› *bruder*	‹uo›;‹ue› *zuo; guet*
/üe/	‹ü›;‹o› *brüder, honer* („Hühner")	‹ü› *bücher*	‹ü› *brüder*	‹üe› *büecher*
Senkung (**S₁**) /u/	‹o› v.a.v.Nas. *sonder*	‹u›;‹o› v.Nas. *lufft; sonne, torm* (thür.)	‹u›;(‹o›) v. Nas. *sunne; bronnen*	‹u› *sunst*
/ü/	‹oe› v.a.v.Nas. *coeningh*	‹ü›;‹ö› v.Nas. *füllen; könig, brö-cke* (thür.)	‹ü›;(‹oe›) v. Nas. *fürdern; mônster*	‹ü› *fürdern*
/i/	‹i›; (‹e›) *mir; (wetwe)*	‹i,ie›;‹e› (thür.) *schicken, wieder; fermeln*	(keine Aussage)	(keine Aussage)
Teilsenkung (**S₂**) /ei/	‹e,ee› (**M₂**) *mester, meester*	‹ei,ai›;(‹e›) *heim, haim, (mester)*	‹ei,ai,ay›;(‹e›) (al.) *heim, haim, sayl; (helger)*	‹ei,ai› *heim, sail,* aber *be(e)de*
/ou/	‹o› (**M₂**) *globen*	‹au,aw›;(‹o›) *baum, fraw; (bom)*	‹au,aw›;(‹o›) (al.) *baum, fraw; (bom)*	‹au,aw› *haupt, pawm*
/öu/	‹ô› *glôbig*	‹eu,ew› *freud, frewen*	‹eu,ew›; (‹ô›) *freud, frewen, (bôme)*	‹eu, ew› *freud, frewen*
/â/ (Verdumpfung, insbesondere oobd.)	‹a›;(‹ai›) *sondach; (zulais-sen, gethain)*	(keine Aussage)	‹a›;(‹o›) *jamer, jomer* schwäb. (‹au›) *getaun*	‹o› v.a.v.Nas.u.Liq. *nom, gorten, ohne*
/ô/	‹o›;‹oi,oy› *dom; hoigen, doym*	(keine Aussage)	(keine Aussage)	(keine Aussage)
/e/	(keine Aussage)	(keine Aussage)	‹e›;(‹i›) *fremd, frimd*	(keine Aussage)

5. Formenlehre

»

Die Lehre vom Formenbau der verschiedenen Wortarten einer Sprache heißt Morphologie. In diesem Kapitel ist nur von der Flexionsmorphologie die Rede. Derjenige Teil der Morphologie, der sich mit der Wortbildung beschäftigt, ist im Kapitel über den Wortschatz behandelt (6.3). Die einprägsamsten Erscheinungen innerhalb der Flexionsmorphologie des Mhd. sind bei den starken Verben ihre Einteilung in die Ablautreihen, beim schwachen Verb das Phänomen des Rückumlauts als zusätzliches Merkmal für das Präteritum neben dem Dentalsuffix -t-, bei den Substantiven die Einteilung in verschiedene starke und schwache Deklinationsklassen. Hier stellt sich nun also vor allem die Frage, ob im Frnhd. diese genannten Erscheinungen und Systeme noch erkennbar sind und in welch spezifischer Art sie sich ggf. verändert haben.

5.1 VERBEN

Die großen mhd. Verbalklassen, starke Verben, schwache Verben und Präteritopräsentien sind größtenteils noch gut unterscheidbar, wenngleich eine gewisse Vermischung ihrer jeweils spezifischen Eigenheiten mit denen anderer Klassen eintritt:

5.1.1 DAS ‚STARKE‘ VERB

Zuordnung zu den mhd. Ablautreihen bleibt meist möglich, doch werden die einzelnen Reihen durch verschiedene Lautwandelerscheinungen soweit aufgesplittert, dass man diese Verben in den Grammatiken heute meist ungruppiert unter der Bezeichnug „unregelmäßige Verben" auflistet.

5.1.1.1 TEMPUSPROFILIERUNG, NUMERUSNIVELLIERUNG

Die markanteste Veränderung stellt der Ausgleich des Präteritumablauts zum Singular oder Plural dar, wobei die Entscheidung frnhd. zunächst oft schwankt: Belegt sind z.B. sowohl die Reihe *helfen, half, halfen* als auch *helfen, hulf, hulfen* und *helfen, holf, holfen*. Man spricht in diesem Zusammenhang von ‚Numerusnivellierung‘ und ‚Tempusprofilierung‘: Es wird also eine Verteilung der Ablaute hergestellt, wie sie in den AR 6 und 7 schon im Mhd. vorgeprägt war. In den AR 1, 4 und 5 wird dabei der Vokal des Plurals übernommen, in den AR 2 und 3 derjenige des Singulars (mhd. *band – bunden*; nhd. *band – banden*; mhd. *warf – wurfen*; nhd. *warf – warfen*; Ausnahme bildet *werden*, s. u. 5.1.1.9). In AR 1 tritt dabei freilich Dehnung der kurzen offenen Tonsilbe ein (mhd. *bleip – bliben*; nhd. *blieb - blieben*), es sei denn diese wird aufgrund der umgebenden Konsonanz (vor *m, t*) verhindert: (mhd. *reit – riten*; nhd. *ritt – ritten*, vgl. oben 4.2.12). In Reihe 4 und 5 dominiert die schon seit indogermanischer Zeit auftretende Dehnstufe das gesamte Präteritum (mhd. *nam – nâmen*; nhd. *nahm – nahmen*; mhd. *gap – gâben*; nhd. *gab – gaben* [a:]).

Noch nicht durchgeführt, bzw. gegen die Tendenz Ausgleich zum Singular in T4: *schreyff* [22].

5.1.1.2 WURZELVO-
KAL *o* IM PRÄTERITUM

Eine Reihe von starken Verben aus allen Ablautreihen bildet das Präteritum einheitlich mit Wurzelvokal *o* (vgl. Liste bei Hartweg/ Wegera: *Frühneuhochdeutsch*, S. 165: aus AR 3: *glimmen, klimmen* [...], aus AR 4: *scheren, löschen* [...], aus AR 5: *weben, gären* [...], aus AR 6 [die ehem. j- Präsentien]: *heben und schwören*).

Weitere Veränderungen sind aus der folgenden Tabelle zu ersehen: Hier sind die frnhd. auftretenden Varianten (kursiv) zwischen den normalmhd. Formen (recte oben) und den nhd. Formen (recte, unten) eingespannt. Die Fußnotenziffern werden in den folgenden Abschnitten 5.1.1.3 bis 5.1.1.11 erläutert:

Präsens

Infinitiv	Partizip	Gerundium
geben	gebende	Gen. gebennes; Dat. gebenne
geb-en, -ene	*geb-en-de*	*geb-en-s; geb-enne, -ine,*
geb-in (md.), *-un* (obd.)	*geb-en-d* (zuerst oobd.)	*(-ende, -inde),*
geb-e (thür.)	*geb-un-de* (al., bair.)	*geben*
ge-geb-en (beim Modalverb, z.B.	*geb-en-e* (omd.)	
sullen)		
geben[1]	gebend[2]	Gebens; Geben[3]

Indikativ
Singular

1. P.	2. P.	3. P.
gibe	gibest	gibet
gib-(e)	*gib-est (ziuhest/ziehest)*	*gib-et (ziuhet/ziehet)*
geb-e (zuerst md.)[4]	*gib-es, -is* (wmd.)[5]	*gib-Ø-t*
geb-en (wmd., walem.)		*gib-it, -ut* (omd.)[6]
gebe	gibst	gibt

Plural

1. P.	2. P.	3. P.
geben	gebet	gebent
geb-ent	*geb-ent*	*geb-ent* (alem.)
geb-en	*geb-ent*	*geb-ent, -ant, -unt* (bair., osthalem., hess., ofr.)
geb-en	*geb-en*	*geb-en* (rib., els., halem.)
geb-en	*geb-et*	*geb-en* (omd.)[7]
geben	gebt	geben

Konjunktiv, Singular/Plural

1. P.	2. P.	3. P.	1. P.	2. P.	3. P.
gebe	gebest	gebe	geben	gebet	geben
gebe	gebest	gebe	geben/gäben	gebet	geben/gäben

-e nicht so häufig apokopiert wie im Indikativ.
Im Alemannischen auch hier häufig Einheitsendung *-ent* oder *-en*.

Imperativ

2. P. S.	1. P. Pl.	2. P. Pl.
gib	geben	gebet
gib/gebe (hilf/helfe; fleuch [omd.])		*geb-et*
gib-e (md.)		*geb-en, -ent* (alem.)
gib[8]	geben	gebt

51

Präteritum

Indikativ, Singular/Plural

1. P.	2. P.	3. P.	1. P.	2. P.	3. P.
gap *gab-e* (md.)[9] *(warde, wurde)* gab	*gæbe* *geb-e* *geb-is(t),* *(sung-est)* *gab-(e)st*[10] gabst	gap (s. o. 1. P.) gab	gâben *gab-en(t)* gaben	gâbet *gab-en(t)* gab(e)t	gâben *gab-en(t)* (a- lem.)[11] gaben

Konjunktiv

1. P.	2. P.	3. P.	1. P.	2. P.	3. P.
gæbe *geb-e (ver- lör/verlür, fǎnd/fǔnd [obd.])* gäbe	gæbest gäbest	gæbe gäbe	gæben gäben	gæbet gäbet	gæben gäben

Rein formal gebrauchter Konjunktiv der Consecutio temporum ist rückläufig; Umschreibung mit *wollte, sollte, würde.*

Partizip

gegeben
gegeben (bracht, funden, gangen ... [perfektive Verben])
gegeben

5.1.1.3 DEHNUNG, APOKOPE, SYNKOPE

Die Veränderungen gegenüber dem Mhd., die sich nhd. im Infinitiv, im Partizip und Gerundium (**1, 2, 3**) letztlich durchsetzen, sind durch nichts weiter als durch Dehnung der offenen Tonsilbe (wo vorhanden) sowie Erscheinungen der Synkope und Apokope zu erklären.

5.1.1.4 AUSGLEICH DES WURZELVOKALS DER 1. PERS. SG. IND. PRÄS. MIT DEM PLURAL: WECHSELFLEXION L→

Bei der 1. Pers. Sg. Ind. Präs. (**4**) besteht ausgehend vom Mitteldeutschen die Tendenz zum Ausgleich mit dem Wurzelvokal des Plurals, wobei meist „Wechselflexion" (d. h. Wechsel des Wurzelvokals zwischen 1. Pers. einerseits und 2./ 3. Pers. andererseits) entsteht: von mhd. *ich gibe, dû gibest, er gibet, wir geben* zu nhd. *ich gebe, du gibst, er gibt, wir geben,* wobei die Dehnung hier keinen Niederschlag in der Graphie findet. Diese Wechselflexion war schon ahd. durch Primärumlaut in AR 6 und 7 vorgeprägt: *ih varu – dû veris – er verit* (nhd. *ich fahre – du fährst – er fährt*). Bei einzelnen Verben wie *pflegen, scheren, bewegen, weben* wird der gesamte Singular dem Vokal des Plurals angeglichen (von mhd. *pflige, pfligest, pfliget, pflegen* zu nhd. *pflege, pflegst, pflegt, pflegen*). Derselbe Vorgang setzt sich gesamthaft in der Reihe 2 durch (von mhd. *ich ziuhe, dû ziuhest, er ziuhet, wir ziehen* zu nhd. *ich ziehe, du ziehst, er zieht, wir ziehen*). Allerdings war hier der ursprüngliche Vokalwechsel auch nach Eintreten der frnhd. Diphthongierung noch lange Zeit erhalten (*ich zeuche*[nur obd.], *du zeuchst, er zeucht, wir ziehen*). Die Variante des Westmitteldeutschen und Westalemannischen, wonach die 1. Pers. Sg. mit dem Inf. identisch ist, dürfte von den ahd. schwachen Verben der *-ên-* und *-ôn-*Klassen oder den kontrahierten Verben herrühren, wo dasselbe Phänomen erscheint.

5.1.1.5 NEBENSILBEN	Zu (**5**) und (**6**) vgl. 4.2.11 Vokalismus der Nebensilben.

5.1.1.6 EINHEITSPLU-RAL **L**→

Bei den Formen des Plurals (**7**) zeigt die Tabelle u.a. die unterschiedlichen Varianten der Vereinheitlichung des Plurals zur 1. bzw. zur 3. Pers. Die heute gültige Verteilung bietet zuerst das Ostmitteldeutsche.

> T2 (19): *saken* (mhd. *sachen* swV: „seinen Ursprung nehmen von" (3. Pers. Pl.); T3ab: *werdent −werden, mõgent − múgen* und *fragent − fragen* (3. Pers. Pl.; 4, 21 und 37); *redent − reden* und *sehent − sehen* (1. Pers. Pl.; 6 und 19); *sint − sein* (3. Pers. Pl.; 9/ 10); T2: *sint* (20); T1 *sein, múgen* (3. Pers. Pl. 8, 17), aber *hebent, gebent* (13, 22).

5.1.1.7 KONJ. PRÄS.

Die Formen des Konj. Präs., die vom Mhd. zum Nhd. scheinbar so konstant bleiben, zeigen doch mancherorts deutliche Verwerfungen:

> T4: *haue*: „habe" (31), aber T3b *weriff* gegen *werfe* T3a (8).

5.1.1.8 IMPERATIV

Die Form des nhd. Imp. Sg. (**8**) ist seit mhd. Zeit überwiegend konstant geblieben.[5] *gibe* (md.) dürfte als Analogiebildung zum Imperativ der schwachen Verben zu erklären sein.

5.1.1.9 VERMISCHUNG MIT SCHWACHEM PRÄTERITUM

Übernahme des auslautenden *-e* schwacher Präterita unter Beibehaltung des Ablauts (**9**) ist bis in die Gegenwartssprache erhalten bei *werden*, das auch hinsichtlich des Wurzelvokals eine Ausnahme innerhalb der AR 3 darstellt: *wurd̲e̲ – wurd̲e̲n* gegenüber *warf – warfen, half – halfen* usw.

> T4: *quame* („kam" 33).

---

[5] Nicht so beispielsweise bei mhd. *sich* zu nhd. *sieh*, wo die neue Form eine Analogiebildung zur 2. Pers. Sg. Ind. Präs. darstellen dürfte.

5.1.1.10 2. PERS. SG. IND. PRÄT.	Relativ bald wird die aus der Norm fallende mhd. Form der 2. Pers. Sg. Ind. Prät. mit markantem Umlaut aufgegeben und die sonst überwiegende Endung -*st* eingeführt (**10**).
5.1.1.11 EINHEITSPLURAL IM PRÄT.	Im Plural des Präteritums erscheinen Vereinheitlichungstendenzen wie im Präsens. (**11**).
5.1.1.12 J-PRÄSENTIEN	j-Präsentien (s. Glossar) bleiben erkennbar am Ablaut im Präsens, der von der Normalform der jeweiligen Reihe durch gehobenen Wurzelvokal abweicht, teilweise auch an der wurzelschließenden Konsonanz, die auf westgermanische Konsonatengemination zurückzuführen ist: AR 5: *sitzen, bitten, liegen*; AR 6: *heben, schaffen* (Ausgleich des mhd. Ablauts *e [schepfen]* zum Part. Prät. *geschaffen*), *schwören* (aus mhd. *swern* durch Palatalisierung des *s* und Rundung von *e* zu *ö;* vgl. 4.1.2, 4.2.6 und 5.1.1.2).
5.1.1.13 GRAMMATI- SCHER WECHSEL	Ausgleich des grammatischen Wechsels, der schon mhd. einsetzte, schreitet fort, ist aber durchaus auch im Nhd. noch in zahlreichen Fällen zu erkennen: *gewesen – war; ziehen – gezogen*.
5.1.1.14 UMLAUT IN DER 2. UND 3. PERS. SG. IND. PRÄS. **L**→	Umlaut, der bei umlautfähigem Wurzelvokal in der 2. und 3. Pers. Sg. Ind. Präs. bei Vertretern der AR 6 und 7 (bedingt durch ahd. *i* in der Endung der Folgesilbe) eingetreten ist, bleibt im Oberdeutschen aus: *er fallt, haltet, laßt*.
5.1.1.15 ÜBERTRITT ZU GRUPPEN SCHWA- CHER VERBEN	Mhd. starke Verben sind bisweilen zu der Gruppe der schwachen Verben übergewechselt: *bellen* (AR 3b), *rächen* (*rechen* AR 4). In einzelnen Fällen bleibt dies eine vorübergehende, nur im Frnhd. zu beobachtende Erscheinung: *ruffeten, gerufft*. Zuweilen entwickeln sich bedeutungsdifferzierend starke und schwache Formen: *bewegt – bewogen; gepflegt – gepflogen; geschöpft – geschaffen*. Man spricht in diesen Fällen von „Lexemspaltung".
5.1.2 DAS ‚SCHWACHE' VERB	Das Kennzeichen für die Zuordnung zur großen Gruppe der schwachen Verben bleibt das Auftreten von Dentalsuffix -*t*- (ggf. lenisiert zu -*d*-) bei der Bildung des Präteritums: *kauf-t-e* (mhd. *kouf-t-e*: Teilsenkung), *sag-t-e* (mhd. *sag-e-t-e*: Synkope) usw.

<table>
<tr><td>5.1.2.1 RÜCKNAHME
DES RÜCKUMLAUTS
L→</td><td>Augenfälligste Veränderung ist die Aufgabe des Rückumlauts im Präteritum, stellenweise aber auch Aufgabe des Umlauts im Präsens:</td></tr>
</table>

> T3a: *gefûrt* (25; < mhd. *gefûrt*); T3b: *fuget* vs. T3a *fûget*, (17).

Der Rückumlaut ist in seltenen Fällen bis heute erhalten, vor allem dort, wo Primärumlaut vorlag (*brennen – brannte; kennen – kannte*, bisweilen Doppelformen wie *senden - sandte* und *sendete*). Im Frnhd. sind v.a. mitteldeutsch noch *bedackit, gehor(e)t, stackte* belegt und sogar Formen, denen vorher nie Rückumlaut zukam: *karte* (zu mhd. *kêren*) und *larte* (zu mhd. *lêren*).

> T4: *genant* (29). T2: *gehort* (8) ist schlecht zu beurteilen, da dem gesamten Text Umlautzeichen fehlen.

<table>
<tr><td>5.1.2.2 ANNÄHERUNG
AN FORMEN DER
STARKEN VERBEN
L→</td><td>Im Oberdeutschen, wo bevorzugt apokopiert wird, nähern sich schwache Präterita und Imp. Sg. an starke Formen an (*hort/ hört* [Prät.], *hör* [Imp.]). Da Stammbildungsvokal nun auch dort erscheint, wo er mhd. noch kaum auftrat (bei Langsilbigen), ist die Unterscheidung von Präsens und Präteritum bei gleichzeitiger Apokope im Präteritum bisweilen äußerst schwierig: *er klaget* statt *klag(e)te, er höret* statt *hörte*. In solchen Fällen hilft oft nur ein Blick auf die Zeitstufe der starken Verben in der unmittelbaren Umgebung.</td></tr>
</table>

> T3a: *rûret, fraget* (54f.) im Kontext von *gieng* und *vänd*.

<table>
<tr><td>5.1.2.3 UMLAUT IM
KONJ. PRÄT. L→</td><td>Vor allem im Mitteldeutschen weisen rückumlautende schwache Verben im Konj. Prät. (überwiegend abweichend vom Mhd.) Umlaut auf: *dechte* (hier schon mhd. mit Umlaut), *kente, setzte*.</td></tr>
<tr><td>5.1.2.4 ÜBERWIEGEND
ENTWICKLUNG WIE
BEIM STARKEN VERB</td><td>Im übrigen sind Besonderheiten wie *i*-haltige Endung, Einheitsplural, Synkope und Apokope in der Konjugation der schwachen Verben ebenso vertreten wie bei derjenigen der starken Verben, wie man dem Auszug aus der Konjugationstabelle in W. Schmidt: *Geschichte der deutschen Sprache*, S. 317, entnehmen kann:</td></tr>
</table>

Präsens	Indikativ	Konjunktiv
1. Sg.	*sag(e), -en*	*sag(e)*
2.	*sag(e)st, -ist,-is*	*sag(e)st, -ist, sag(e)*
3.	*sag(e)t, -it*	*sag(e)*
1. Pl.	*sagen, -in, -ent*	*sagen, -in*
2.	*sag(e)t, -it, -ent*	*sag(e)t, -it*
3.	*sagen, -in, -ent, -int*	*sagen, -in*
Infinitiv	*sage(n), -in*	

Partizip	sagend(e), sagen, sagund, -(en)ing	
Präteritum		
1. Sg.	sag(e)t(e)	sag(e)t(e)
	sag(e)t(e)st, -tist	(usw.)

5.1.3 DIE PRÄ-
TERITOPRÄSENTIEN Die Vertreter dieser Verbgruppe, die ursprünglich daran erkennbar waren, dass sie im Präs. zwischen Sg. und Pl. den Ablaut aufwiesen, den die starken Verben im Prät. zeigen, besitzen diese Eigenheit zuweilen nicht mehr. Wo dieser Ablaut ausgeglichen wurde, erscheinen diese Verben in der Gegenwartssprache wie schwache Verben: *taugen, tauge, taugte; gönnen, gönne, gönnte; sollen, soll, sollte; müssen, muß, mußte.* Die frnhd. Formen zeigen den tastenden Weg dorthin. In einer tabellarischen Zusammenstellung der belegten Formen (W. Schmidt: *Geschichte der deutschen Sprache*, S. 319f.), wie sie hier wiederum modifiziert geboten sein soll, wird dies deutlich:

	1. P. Sg. Ind. Präs.	1./ 3. P. Pl. Ind. Präs. (=Inf.)	1./ 3. P. Sg. Ind. Prät.
I	weiß	wissen	wesse/ weste, wisse/ wiste, woste, wuste
II	taug	taugen, tugen, tügen	taugte, tochte, tuchte, tüchte
IIIa	gan	gonnen, gönnen, gunnen, günnen	gonnet, gönnete, gunnte, gůnnete
IIIa	kan	können, kunnen, künnen	konde, konte, kunde, kunte
IIIb	darf	darfen, dörfen, dürfen	dorfte, durfte
IIIb	tar	törren, türren	torste, thurste
IV	sal/ schal, sol/ schol	sollen, sull(e)n	solde/ scholde, sulde
V	mag	mogen, mögen, mugen, mügen	mochte, môchte, muchte, mûchte
VI	muß	müssen	moste, must(e)

Das alte Präteritopräsens *türren*, das im Nhd. ganz untergegangen ist, kann im Frnhd. noch belegt werden.

Ganz der Norm entsprechen T1: *mag* (7) und *múgen* (12); In T3a ist wieder „alemannischer Einheitsplural" zu erkennen bei *môgent* gegenüber *múgen* in T3b (21); die ittelhochdeutsche, durch primären Berührungseffekt begründete Form ist noch erhalten bei *so macht du/ machtu* („so kannst du") in T3a/b (84).

5.1.4 Sonstige ‚Be-	Zu den „besonderen" Verben sind noch die Wurzelverben,
SONDERE' VERBEN	die Wurzelpräsentien und die kontrahierten Verben zu zäh-
	len:

5.1.4 SONSTIGE ‚BESONDERE' VERBEN

Zu den „besonderen" Verben sind noch die Wurzelverben, die Wurzelpräsentien und die kontrahierten Verben zu zählen:

5.1.4.1 WURZELVERBEN MHD. *tuon* UND *sîn*

Das Wurzelverb mhd. *tuon* bildet im Präs. Formen in Analogie zu den starken und schwachen Verben aus. Die alte Form des Sg. Prät. (*tete*) ist teils noch erhalten, teils zum Pl. hin ausgeglichen (Numerusnivellierung und Tempusprofilierung wie bei den starken Verben!):

Inf.	1. P. Sg. Ind. Präs.	1./ 3. P. Sg. Ind. Prät.	1./3. P. Pl. Ind. Prät.	Part. Prät.
tuen, tun	*tue, tun*	*tat(e), tet(e)*	*thaten, theten, tauten*	*gethan*[6]

T1: *thût* (6, nicht monophthongiert); T3a/b: *tû/ tü* (83)

Die Veränderungen von *sîn* sind durch die gängigen lautgesetzlichen Veränderungen der frnhd. Diphthongierung zu erklären. An Stellen, wo im Mhd. noch überwiegend die **bhu*-haltige Wurzel aufgetreten war, tritt immer häufiger die *s*- haltige Form ein: mhd. *wir birn, ir birt*: nhd. *wir sind, ihr seid*.

In T3a *sy* ist Diphthongierung erwartungsgemäß ausgeblieben gegenüber T3b *sey* (38 u.ö.)

5.1.4.2 WURZELPRÄSENTIEN

Die Wurzelpräsentien mhd. *gân/ gên* und *stân/ stên* bilden zweisilbe Verben nach dem Muster von *sehen: gehen* und *stehen*.

5.1.4.3 KONTRAHIERTE VERBEN

Bei den kontrahierten Verben mhd. *hân, lân, vân, slân* wird auf die ‚Vollformen' zurückgegriffen: *haben, lassen* (mhd. *lâzen*, AR 7), *fangen* (unter Ausgleich des grammatischen Wechsels aus mhd. *vâhen – gevangen* AR 7), *schlagen* (ebenso aus mhd. *slahen* AR 6).

T1: *het* für *hât* (11, 28); T3a/b: *haben wir* (44).

5.2 SUBSTANTIVE

Wie man beim starken Verb mit ‚Tempusprofilierung' und ‚Numerusnivellierung' die gravierendsten Veränderungen des Frnhd. gegenüber dem Mhd. zu charakterisieren ver-

---

[6] Formen nach W. Schmidt: *Geschichte der deutschen Sprache*, S. 320; die Form *tauten* stammt zweifellos aus dem Schwäbischen, vgl. 4.2.7.

sucht, so bei den Deklinationsklassen mit den Schlagwörtern ,Kasusnivellierung' und ,Numerusprofilierung'. Durchgängig deutlich ist nur die Numerusprofilierung.

In den Flexionsparadigmen, die in der *Frühneuhochdeutschen Grammatik* von Ebert/ Reichmann/ Solms/ Wegera aufgelistet sind (§ M4, M14, M22; Zitate daraus stets modifiziert!), lassen sich die historischen ,starken' und ,schwachen' Klassen teils noch gut erkennen, teils sind sie durch Apokope, Synkope, Übernahme ,fremder' Pluralbildungen und dergleichen völlig durcheinander geraten. Eine Reduzierung der Klassen oder eine Vereinfachung der Schemata ergab sich durch den Umbau aber, wie die frnhd. 14 Flexionsparadigmen belegen, offensichtlich nicht.

5.2.1 STARKE UND SCHWACHE SUBSTANTIVE

In den mittelhochdeutschen Wörterbüchern wird zwischen zwei großen Deklinationsklassen, der starken und der schwachen Deklination, unterschieden. In beiden Klassen waren je Maskulina, Feminina und Neutra vertreten („stM; stF; stN; swM; swF; swN"). Schon im Mhd. sind aber auch Mischungen aufgetreten, wie mhd. *vröude*: „stswF".

5.2.2 SCHWACHE MASKULINA

Das Flexionsmuster der schwachen Maskulina ist mit großer Konstanz seit mhd. Zeit bis heute erhalten: Das Merkmal der Klasse ist der Ausgang auf -*n* in allen Kasus außer dem Nom. Sg. Bei einem Musterwort wie mhd. *bote* beschränkt sich die Veränderung zum nhd. *Bote* auf die geregelte Großschreibung und die Dehnung des Wurzelvokals:

(nhd.)	Sg.	Pl.
Nom.	*Bote*	*Boten*
Gen.	*Boten*	*Boten*
Dat.	*Boten*	*Boten*
Akk.	*Boten*	*Boten*

Kasusnivellierung und Numerusprofilierung spielen hier also keine Rolle. Den Sprechern genügte offenbar die Unterscheidbarkeit zwischen Nom. Sg. und Pl. Alle anderen Formen sind nur aufgrund der syntaktischen Umgebung oder ihres begleitenden Artikels identifizierbar.

5.2.3 WECHSEL VON SCHWACHEN MASKULINA ZU STARKEN KLASSEN UND UMGEKEHRT

Aus den Klassen der mhd. schwachen Maskulina wandern in frnhd. Zeit Vertreter ab, andere kommen hinzu: Frnhd. *funke* (Ebert/ Reichmann/ Solms/ Wegera: *Frnhd. Gramm.*, Paradigma 8) war einst ebenso ein schwaches Maskulinum

wie mhd. *brunne*. Im letzteren Fall wird das End-*n* des
Gen. sogar in den Nom. übertragen und ersatzweise ein
Gen. nach dem Muster der starken Flexion gebildet, so dass
nhd. folgendes Muster entsteht:

(nhd.)	Sg.	Pl.
Nom.	*Brunnen*	*Brunnen*
Gen.	*Brunnens*	*Brunnen*
Dat.	*Brunnen*	*Brunnen*
Akk.	*Brunnen*	*Brunnen*

Auch in diesem Fall kann also weder von Kasusnivellierung noch von Numerusprofilierung die Rede sein. Numerusprofilierung zeigt sich dagegen bei dem ehemals ebenfalls schwachen Maskulinum mhd. *garte*, das im Plural
immerhin den Umlaut der *i*-Deklination übernimmt.
Ein „Zuwanderer" in die schwache Deklination ist das
Maskulinum mhd. *hirte*: Das Flexionsmuster war in diesem
Fall mhd. noch ganz stark (*ja*-Stamm der *a*-Deklination):

(mhd./nhd.)	Sg.	Pl.
Nom.	*hirte/ Hirte*	*hirte/ Hirten*
Gen.	*hirtes/ Hirten*	*hirte/ Hirten*
Dat.	*hirte/ Hirten*	*hirten/ Hirten*
Akk.	*hirte/ Hirten*	*hirte/ Hirten*

Für frnhd. Zeit ist sowohl das alte wie auch das neue Muster denkbar.

> T1: *gedancken* (14, Dat. Pl.) war mhd. ein stM der *a*-Deklination
> (*gedanc*) und trat im Nhd. zur schwachen Deklination über: *der
> Gedanke, des Gedanken* usw.; Der *hase* (19) gehörte hingegen
> schon mhd. der schwachen Deklination (*n*-Stamm) an.

5.2.4 GEMISCHTE DE-
KLINATION

Für *stral* (Ebert/ Reichmann/ Solms/ Wegera: *Frnhd.
Gramm.*, Paradigma 6) liegen schon frnhd. Formen vor, die
für die Existenz einer (aus starker und schwacher Flexion)
gemischten Deklination sprechen:

(frnhd.)	Sg.	Pl.
Nom.	*stral*	*stralen*
Gen.	*stral(e)s*	*stralen*
Dat.	*stral(e)*	*stralen*
Akk.	*stral*	*stralen*

Die komplexe Vorgeschichte dieses Lexems braucht uns
hier nicht zu interessieren (ahd. *strala*, schwaches Femini-
num der *ô*-Deklination!).

Zwei große historische Klassen sind hier zu unterscheiden, die teils bis heute gut erkennbar sind. Beide bilden den Gen. Sg. mit *s*-Suffix. Während jedoch die Vertreter der *i*-Deklination im Plural durch Umlaut gekennzeichnet sind, fehlt den Repräsentanten der *a*-Deklination dieses Merkmal:

(mhd./nhd.)	Sg.	Pl.	Sg.	Pl.
Nom.	*tac/ Tag*	*tage/ Tage*	*gast/ Gast*	*geste/ Gäste*
Gen.	*tages/ Tages*	*tage/ Tage*	*gastes/ Gastes*	*geste/ Gäste*
Dat.	*tage/ Tag(e)*	*tagen/ Tagen*	*gaste/ Gast(e)*	*gesten/ Gästen*
Akk.	*tac/ Tag*	*tage/ Tage*	*gast/ Gast*	*geste/ Gäste*

Synkope und Apokope sind bei beiden Klassen möglich: *des Sommers* (*a*-Deklination), *der Lehrer* (mhd. *leræe*, ehemals *ja*-Stamm)[7], *Äpfel* (ahd. *epfili*, *i*-Deklination). Wanderungsbewegungen zwischen den beiden Klassen finden insofern statt, als ehemalige *i*-Stämme, die keinen umlautfähigen Wurzelvokal besitzen, aufgrund der Nebensilbenabschwächung seit ahd. Zeit nicht mehr als solche erkennbar sind: ahd. *scrit/ scriti;* nhd. *Schritt/ Schritte.* Andererseits bilden ehemalige Vertreter der *a*-Deklination bisweilen spontan Umlaut im Plural: ahd. *stuol/ stuole*, frhd. Pl. *stüele* neben *stuele*). In Regionen, wo apokopiert wird und das Pl. Kennzeichen -*e* keinen Bestand hat, wird auch abweichend vom Standarddeutschen bisweilen der Umlaut als Pluralkennzeichen eingesetzt: *täg*.

Tritt der Umlaut schon im Sg. auf, so handelt es sich um ein Substantiv der ehemaligen *ja*-Stämme (Unterklasse der *a*-Deklination): *Käse*.

T2 Dat. Sg.: *somere, anbeginne* (12); Gen. synkopiert: *somers* (17-18); T3a *worte* vs. T3b *wort* (6, Dat. Sg.); T3b *des amplikch gots* (11 zur Vermeidung eines doppelten Genitivs).

---

[7] Die Verwandschaftsbezeichnungen *Vater, Bruder*, die schon im Sg. auf -*er* ausgehen, gehörten historisch betrachtet einer kleinen (konsonantischen) Sonderklasse an, die in frnhd. Zeit von den apokopierten *i*-Stämmen kaum noch zu unterscheiden sind. T3a/b: *vetter/ väter* (52, Gen. Pl.)

Am deutlichsten zeigt sich der Hang des Frnhd. zur Numerusprofilierung in den Fällen, wo Maskulina eine Pluralkennzeichnung annehmen, die ihnen im Mhd. noch nicht zukam, wie dies beim Musterwort *wald* (vgl. Ebert/ Reichmann/ Solms/ Wegera: *Frnhd. Gramm.*, Paradigma 5) deutlich wird. Hier seien nun die mhd. und nhd. Formen nebeneinander gestellt, um die Entwicklung deutlich zu machen:

(mhd./nhd.)	Sg.	Pl.
Nom.	*walt/ Wald*	*welde/ Wälder*
Gen.	*waldes/ Waldes*	*welde/ Wälder*
Dat.	*walde/ Wald(e)*	*welden/ Wäldern*
Akk.	*walt/ Wald*	*welde/ Wälder*

(Es handelt sich um einen ahd. *u*-Stamm, wobei im Plural nur *walda* belegt ist, mhd. dann *welde* [wie *i*-Stämme], vgl. Braune/ Eggers: *Ahd. Grammatik*, § 216, 3).
Nur eine sehr kleine Klasse mhd. Neutra (ehemalige *iz-/ az*-Stämme) kannte die Pluralkennzeichnug durch Umlaut und Ausgang (eigentlich Stammerweiterung) *-er*.

Das Kennzeichen der mhd. schwachen Feminina, *n*-Suffix in allen Kasus außer dem Nom. Sg., wird für den Singular zum Nhd. hin ganz aufgegeben. Das Paradigma ändert sich also folgendermaßen:

(mhd./nhd.)	Sg.	Pl.
Nom.	*zunge/ Zunge*	*zungen/ Zungen*
Gen.	*zungen/ Zunge*	*zungen/ Zungen*
Dat.	*zungen/ Zunge*	*zungen/ Zungen*
Akk.	*zungen/ Zunge*	*zungen/ Zungen*

In frnhd. Zeit ist die schwache Flexion aber noch vertreten:

> In T1: *der selen* (2, Dat. Sg.); *der hellen* (9, Gen. Sg.) werden Formen schwacher Deklination gebraucht, wo mhd. starke Formen standen. In T3a: *von der súnden wegen* (24) dürfte es sich bei *súnden* um Gen Pl. (nicht Sg.) handeln, eine reguläre Form der *jô-* Stämme der *ô*-Deklination, welcher *sünde* historisch gesehen einmal angehörte.

Der Singular der ehemaligen *n*-Stämme (schwache Deklination) fällt mit den Formen der *ô*-Deklination zusammen, andererseits werden die *n*-haltigen Formen der schwachen Deklination in den Plural der starken *ô*-Stämme auch an Positionen, wo sie mhd. noch nicht standen (Nom. und Akk.), übernommen, so dass die große Klasse einer ‚ge-

61

mischten' Deklination entsteht. Der Vorgang hatte in mhd. Zeit schon eingesetzt (vgl. die zahlreichen Wörterbucheinträge „stswF").

(mhd./nhd.)	Sg.	Pl.
Nom.	*sache/ Sache*	*sache/ Sachen*
Gen.	*sache/ Sache*	*sachen/ Sachen*
Dat.	*sache/ Sache*	*sachen/ Sachen*
Akk.	*sache/ Sache*	*sache/ Sachen*

Hier kann man also mit Fug und Recht von Kasusnivellierung und Numerusprofilierung sprechen. Frnhd. ist freilich auch das ältere Flexionsmuster der *ô*-Deklination noch vertreten, andererseits taucht bisweilen schwache Flexion auch im Singular auf, wo mhd. noch stark flektierte Formen verwendet wurden:

T1: *selen* (2, Dat. Sg.) gegen mhd. *sêle*; End *-e* kann natürlich apokopiert sein, vgl. T3b *sel* (23); *hell* (27).

5.2.9 *jô*-STÄMME

Am Umlaut und/ oder geminiertem wurzelschließenden Konsonanten (für beides ist die Ursache ein *j*, das in vorahd. Zeit in der Folgesilbe vorhanden war) im Singular und Plural bei gleichzeitigem Auftreten der Endungen der *ô*-Deklination erkennt man noch heute die Vertreter der ehemaligen *jô*-Stämme: *Sünde, Hölle, Wonne*.

Ableitungen auf *-nisse* / *-nusse* waren, soweit sie den Femininen angehörten (oft auch Neutra), nach dem Muster der *jô*-Stämme dekliniert worden. Im Frnhd. verlieren sie die Endung im Singular.

Noch nicht T2: *tuchnisse* (4/5 „Zeugnis"), aber T3a/b: *vinsternuß/ vinsternuss* (5, Akk. Sg.), vgl. aber auch die neue Kurzform *vinster* (ebd. 8, ebenfalls Akk. Sg.).

5.2.10 EHEMALIGE i-DEKLINATION

Demgegenüber weisen Vertreter der ehemaligen *i*-Deklination Umlaut nur im Plural auf. Er ist hier bedingt durch ein ehemaliges *i* in der Folgesilbe, der Endung. In dieser Deklination ist sowohl Kasusnivellierung (Aufgabe von Umlaut und *e*-Endung im Gen. und Dat. Sg.) als auch Numerusprofilierung (im Pl. bleibt der Umlaut erhalten) besonders deutlich:

(mhd./nhd.)	Sg.	Pl.
Nom.	*kraft/ Kraft*	*krefte/ Kräfte*
Gen.	*kraft, krefte/ Kraft*	*krefte/ Kräfte*

Dat.	*kraft, krefte/ Kraft*	*kreften/ Kräften*
Akk.	*kraft/ Kraft*	*krefte/ Kräfte*

Die Lexemspaltung zwischen nhd. *Stadt* gegen *Stätte* resultiert daraus, dass im zweiten Fall der Umlaut aus dem mhd. Gen. *stete* (wie oben *krefte*) in den Nom. übernommen wurde.

T 3a/b: *stat* (17, Dat. Sg.); ebd. *crafft/ chrafft* (13, Dat. Sg.; mhd. neben *kraft* im Dat. Sg.noch *krefte* möglich).

Ableitungen auf *-heit* und *-keit*, die ebenfalls ursprünglich zu dieser Klasse der Femina gehörten, bilden den Plural in der Gegenwartssprache schwach.

Noch nicht T2: *krankheyde* (20, Nom. Pl.).

5.2.11 VERWANDT-SCHAFTSBEZEICH-NUNGEN AUF *-er*

Tochter (Ebert/ Reichmann/ Solms/ Wegera: *Frnhd. Gramm.*, Paradigma 12) konstituiert zusammen mit *muoter* eine eigene Klasse schon seit ahd. Zeit. Sie zeichnet sich dadurch aus, dass Nom., Gen. und Akk. Pl. nur durch Umlaut (ohne Endung) markiert sind. Dies unterscheidet sie von den Feminina der ehemaligen *i*-Deklination nach dem Muster *stadt – städte*.

5.2.12 NEUTRA DER EHEM. *a*-DEKLINATION

Innerhalb der Neutra begegnen überwiegend Flexionsschemata, die schon bei den Maskulinen realisiert waren. Bei der Flexion von *wort* (Ebert/ Reichmann/ Solms/ Wegera: *Frnhd. Gramm.*, Paradigmen 1 und 3) existieren nebeneinander das alte ahd./ mhd. Schema der *a*-Stämme, wonach der Plural unmarkiert bleibt (*wort, worte, worten, wort*) und ein neues Muster, das mit seiner Markierung des Plurals der Neigung des Frnhd. zur Numerusprofilierung entgegenkommt. In Regionen, in denen die Pluralmarkierung *-e* bevorzugt der Apokope zum Opfer fällt (v.a. im Oberdeutschen), wird später auch hierher die Pluralmarkierung der ehemaligen *-iz/ -az*-Stämme (*-er*) übertragen und zusätzlich Umlaut eingesetzt (*wörter*). In die Gegenwartssprache sind die beiden Pluralbildungen mit unterschiedlicher Bedeutung eingegangen, d.h. auch hier hat eine Lexemspaltung stattgefunden (vgl. 5.2.10).

T2: *boke* (6/7, Akk. Pl. N. < mhd. *buoch/ buoche*), aber T4: *boicher* (3, *i* ist Längenzeichen); T3a/b: *kinder* (4, Nom. Pl. N.); T3a/b: *lúte* vs. *lewt* (19)!

5.2.13 EHEM. *-iz/-az* STÄMME

Musterwort *lam* (vgl. Ebert/ Reichmann/ Solms/ Wegera: *Frnhd. Gramm.*, Paradigma 5, modifiziert):

(frnhd.)	Sg.	Pl.
Nom.	*lam*	*lämmer*
Gen.	*lammes*	*lämmer(e)*
Dat.	*lamme*	*lämmer(e)n*
Akk.	*lam*	*lämmer*

gehört zu den wenigen Vertretern dieser Klasse, die sich schon in ahd. Zeit dadurch auszeichneten, dass ihre Pluralbildung mit Umlaut und einer Stammerweiterung um -*er* (<ahd. -*ir* <vorahd. -*iz*) deutlich hervorgehoben wurde (vgl. 5.2.6 und 5.2.12). Die Gruppe hat nun überaus zahlreiche Vertreter (*dorf, gut, haupt*).

5.2.14 ENTSTEHUNG EINER GEMISCHTEN DEKLINATION

Frnhd. *bet* (Ebert/ Reichmann/ Solms/ Wegera: *Frnhd. Gramm.*, Paradigma 6 modifiziert):

(frnhd.)	Sg.	Pl.
Nom.	*bet*	*betten*
Gen.	*bett(e)s*	*betten*
Dat.	*bett(e)*	*betten*
Akk.	*bet*	*betten*

geht auf ahd. *betti*, mhd. *bet(te)* zurück, gehörte also einmal den *ja*-Stämmen der *a*-Deklination an. Im Frnhd. flektiert der Singular nun wie einfacher *a*-Stamm (*wort*), der Plural wird schwach gebildet, so dass eine gemischte Deklination entstanden ist. Einige Vertreter der Klasse, wie ahd. *enti* oder *arbi/ erbi*, haben den zu *e* abgeschwächten Stammbildungsvokal beibehalten (*ende, erbe*), *rîchi* hat ihn verloren (*Reich*), bildet den Plural aber (abweichend von *bet*) mit –*e*.

> T3a/b: *erterrich / erdreich* (38, Dat. Sg.).

5.2.15 DIE EHEMALS SCHWACHEN NEUTRA

Eine gemischte Klasse bilden frnhd. auch alle ehemals schwachen Neutra (*herze, ôre, ouge, wange*), doch weisen sie individuelle Unterschiede auf: *ôre* flektiert nach dem Muster von *bet* (s. 5.2.14), *ouge* behält End-*e* im Nom. Sg. bei, bei *herze* ist ehemalige Endung -*n* bei gleichzeitiger Hinzufügung von starkem -*s* im Gen. Sg. erhalten (Ebert/ Reichmann/ Solms/ Wegera: *Frnhd. Gramm.*, Paradigma 8 modifiziert):

(frnhd.)	Sg.	Pl.
Nom.	*herz*	*herzen*
Gen.	*herz(e)ns*	*herzen*

Dat.	*herz(e)n*	*herzen*
Akk.	*herz*	*herzen*

wange geht zu den Feminina über und flektiert nach dem Muster der gemischten Deklination.

5.2.16 GENUSWECHSEL
Mhd. schwankt das Geschlecht von *last* (stMF), *list* (stMF), *luft* (stMF), *angest* (stMF) , *art* (stMFN), *banc* (stMF), *distel* (stswMF), als Feminina werden sie v.a. mitteldeutsch gebraucht. *humbel, zêder, loc* („Locke") wechseln von mhd. Maskulina zu nhd. Feminina, mhd. *vlôz* (mhd. stMN)[8] zu den Neutra. Genusunsicherheit weisen die Ableitungen (Derivationen) auf *-nis, -nus, -nüs* auf (v.a. im Alemannischen teils feminin).
Schwankend seit mhd. Zeit und bis heute in manchen Regionen als Maskulinum erhalten *der/ diu buter* (mhd. swMF) u.a.

5.3 ADJEKTIVE
Das System der Adjektivflexionen ist seit ahd. Zeit sehr konstant erhalten geblieben. Man erkennt bis in die Gegenwart hinein verschiedene Stammklassen, die jeweils nach drei verschiedenen Flexionsarten gebeugt werden können:

5.3.1 STAMMKLASSEN
Reine *a-/ ô-* Stämme sind am Ausgang auf Konsonant bei nominal starker Flexion (Grundform des Adjektivs) zu erkennen: nhd. *blind, alt*.
ja-/ jô-Stämme weisen in der Grundform ein End-*e* sowie Umlaut im Wurzelvokal auf, sofern dieser umlautfähig ist: *müde* (mhd. *müede*). Natürlich tritt seit frnhd. Zeit häufig Apokope ein: *schön, fest*. Die Unterscheidung zwischen Adjektiv mit Umlaut vs. Adverb ohne Umlaut, die innerhalb der *ja/jô*-Stämme im Mhd. noch zu machen war, wird manchmal zur umlautenden Form (*schön, fest, müde, böse*), manchmal zur Form ohne Umlaut ausgeglichen (*hart*, mhd. *herte* [Adj.] vs. *harte* [Adv.]).

T3a/b: *bôß/ pös* (40) ist am Umlaut noch als alter *ja-/ jô*-Stamm zu erkennen (hier apokopiert: mhd. *bœse*), wohingegen *gût/ guet* (40) einwandfrei als reiner *a-/ ô*-Stamm zu identifizieren ist.

Die ohnehin nicht sehr zahlreichen *wa-/ wô*-Stämme, die im Mittelalter noch an *-w*-Infix bei flektierten Formen zu erke-

---

[8] *flos* geht auf mhd. *flôz* (Mask.!) zurück, markiert den Plural bei gleichzeitigem Umlaut ausnahmsweise nicht mit *-er*; vgl. Ebert/ Reichmann/ Solms/ Wegera: *Frnhd. Gramm.*, Paradigma 2.

nen waren, sind seit frnhd. Zeit durch die Vokalisierung von *w* (vgl. 4.1.3) nicht mehr von den reinen *a-/ ô-* Stämmen zu unterscheiden: (*grâ – grâwer: grau – grauer*)

5.3.2 FLEXIONSARTEN Das mittelalterliche System verschiedener Flexionsarten ist in vollem Umfang bis heute erhalten. Man unterscheidet die nominal starke Flexion (*alt* [*a/ ô*-Stamm]; *müde* [*ja/ jô*-Stamm]) und die pronominal starke Flexion (Endung wie die entsprechenden Pronomina (*alter, alte, altes; müder, müde, müdes*) von der schwachen Flexion (Nom. *alte, alte, alte; müde, müde, müde*; Gen., Dat., Akk. Sg. und Pl. *alten; müden*). Der Gebrauch der verschiedenen Flexionsarten im Kontext war im Mittelalter noch etwas anders geregelt als heutzutage.

> T1: *fliegende* (15), ein Patizipialadjektiv ist als schwach flektiert zu erkennen; die pronominal starke Flexion hieße an dieser Stelle (Nom. Sg. N.) *fliegendes* (mhd. *fliegendez*); bei *tummen* (16) ist die Entscheidung nicht möglich, da im Dat. Pl. die pronominal starke und die schwache Flexion gleich lauten. *erschelter* (19) ist pronominal stark flektiert.

5.3.3 ABLEITUNGEN Zu verschiedenen Adjektivableitungen vgl. 6.3.2

5.4 PRONOMINA Die Veränderungen vom Mhd. zum Frnhd. spielen sich in diesem Fall überwiegend auf phonologischer Ebene ab. Die Pronomina sind in großem Umfang von der Dehnung einsilbiger Wörter auf Nasal und Liquid betroffen (vgl. Kap. 4.2.12). Auf syntaktischer Ebene wird Reflexivpronomen eingesetzt, wo mhd. häufig noch das Personalpronomen steht: *nun schlieff Lüpoldus nit / der hett gar ain wolschneident messer also bloß bey ym auff der deckin ligen /* („bei sich auf der Bettdecke").[9]

---

[9] O. Reichmann/ K-P. Wegera: *Frnhd. Lesebuch*, S.148; zum umgekehrten Fall , Reflexivpronomen, wo heute Personalpronomen gebraucht wird, vgl. H. Paul/ I. Schröbler: *Mhd. Gramm.*, §406.

6. Wortschatz

»

Der Wortschatz ist unter drei Aspekten zu betrachten, unter dem Aspekt des Bedeutungswandels vorhandener Lexeme (semantische Ebene), dem Aspekt des Nebeneinanders verschiedener Varianten und dem Aspekt der Neubildung von Lexemen (morphologische Ebene).

6.1 BEDEUTUNGSWANDEL

Bedeutungswandel nennt man den Vorgang, bei dem sich in einzelnen Lexemen bei ausdrucksseitiger Entsprechung in verschiedenen Sprachstufen inhaltsseitige Veränderungen ergeben haben. Der Bedeutungswandel lässt sich nach dem logisch-quantitativen Prinzip, aber auch nach dem wertbezogen-axiologischen Prinzip beschreiben.

Das logisch-quantitative Prinzip betrachtet die Veränderung hinsichtlich des Bedeutungsumfangs: Am häufigsten tritt die Bedeutungsverengung oder Spezialisierung (Reduktion des Bedeutungsumfangs) auf: Vormals vieldeutige (polyseme) Lexeme werden in ihrem Bedeutungsumfang eingeengt: Paradebeispiel ist das extrem polyseme mhd. *muot*: „kraft des denkens, empfindens, wollens, sinn, seele, geist; gemüt, gemütszustand, stimmung, gesinnung; begehren, verlangen, lust; gedanke einer tat, entschluß, absicht; entschlossenheit, mut" u.a.m. (Lexer). *Muot* erfuhr zum Nhd. hin eine Einschränkung des Bedeutungsspektrums auf den zuletzt genannten Aspekt. Weniger häufig sind Bedeutungserweiterung (Generalisierung: mhd. *sache* „[Rechts-] Angelegenheit") und Bedeutungsverschiebung zu beobachten. Die frnhd. Bedeutungen stehen in dem von uns betrachteten Zeitraum bis um 1500 oft dem Mhd. näher als dem Nhd.: Die Bedeutungsverschiebung von mhd. *mugen/ mügen/ magen* ist beispielsweise überwiegend noch nicht eingetreten, *frnhd. mügen/ mögen* also mit „vermögen, können" zu übersetzen.

Das Lexem *anblick* (T3a/b, Z.11-13) verliert von den beiden mhd. Bedeutungsmöglichkeiten, 1. „(An-) Blick, Aussehen" und 2. „Gesicht, Angesicht" (Hennig), die zweite. Im vorliegenden Text ist die Bedeutung „Angesicht" offensichtlich noch beinhaltet, die Bedeutungsverengung also noch nicht eingetreten.

Das wertbezogen-axiologische Prinzip betrachtet den Bedeutungswandel unter dem Aspekt der inhaltsseitigen Wertigkeit der Lexeme (Konnotat): Eine Bedeutungsverbesserung (Amelioration) ist selten zu beobachten. Weitaus häufiger tritt eine Bedeutungsverschlechterung (Peioration) auf: Mhd. *pfaffe, dierne, wîp* („Geistlicher, [Dienst]Mädchen, Frau") und zahlreiche andere Lexeme haben zum Nhd. hin eine Bedeutungsverschlechterung erfahren.

Der Bedeutungswandel kann oft unter beiden genannten Aspekten betrachtet werden. Mhd. *vrouwe* (nhd. „herrin, gebieterin, geliebte" [Lexer]) unterliegt z.B. sowohl einer Bedeutungserweiterung (logisch-quantitativer Aspekt) als auch einer Bedeutungsverschlechterung (axiologisch-wertbezogener Aspekt).

Einen wichtigen Fortschritt stellte die semantische Profilierung der Konjunktionen dar, die im Mhd. oft extrem vieldeutig waren. (z.B. *wan*: „denn; es sei denn, dass"; *und*: „und; wenn; aber").

| T3a/b *wann-wenn* (41), *ee das – ee vnd* (6). |

Hier setzt ab frnhd. Zeit tendenziell eine „Monosemierung" ein.

6.2 VARIANTEN

Wie in Lautung und Formenbildung, so ist auch in der Lexik im Frnhd. ein Nebeneinander zahlreicher, nach Regionen und Textsorten aufgefächerter Varianten zu erkennen. Zur Bezeichnug desselben Tatbestands (signifié) werden in verschiedenen Regionen und verschiendnen Texten verschiedene Zeichen (signifiant) gebraucht:

| T3a/b: *dornstag – phintztags* (1); *gefuᵉrt – geschikcht* (25); *als – sam* (28); *dann – nur* (30); *staffel – graden* (44). |

Spätestens ab dem 16./ 17. Jahrhundert setzt sodann eine Bevorzugung einzelner Varianten (Vertikalisierung des Variantenbestands; Hierarchisierung von Varianten) ein. In Texten, die auf überregionale Akzeptanz und Verstehbarkeit abzielen, wie z.B. Juridica, setzt man auf ein Nebeneinander verschiedener Varianten (vgl. Bambergische Halsgerichtordnung, O. Reichmann/ K.-P. Wegera: *Frnhd. Lesebuch*, S. 9ff.: *Von Richtern und Vrteylern; Setzen orden vnd wôllen wir; So [...] dieselbigen [...] môgen bekome[n] vnd gehabt werden*): Diese Paarformeln (Synonymenkopplungen) entstanden möglicherweise auch unter dem Einfluss lateinischer Rhetorik, der man sich in humanistischen Bestrebungen ab dem 14./ 15. Jahrhundert verstärkt zuwandte.

6.3 WORTBILDUNG

Hier wird nur auf die Grundzüge der frnhd. Wortbildung

eingegangen. Der Schwerpunkt liegt auf denjenigen Erscheinungen, die für eine Lokalisierung der Texte hilfreich sind. Für alles Weitere sei auf K.-P. Wegera: *Wortbildung*, verwiesen.

<table>
<tr><td>6.3.1 SUBSTANTIVE</td><td>

Der deutschen Sprache eignet die Fähigkeit, syntaktische Gruppen zu Komposita zusammenzuziehen (*Eisenbahn* vs. frz. *chemin de fer*). Diese ‚Univerbierung' hängt auf syntaktischer Ebene mit der Umstellung des adnominalen Genitivs zusammen (s. 7.6.1).

</td></tr>
</table>

> T3a/b: Bei *áscher mittwoch* bzw. *aschtag* (1) und *hymel thor* bzw. *hymeltör* (28) ist schon an der Getrennt- und Zusammenschreibung die zunehmende Verfestigung der Komposita abzulesen.

Die ursprünglich selbständigen Morpheme *heit* (ahd. stMF „Person, Persönlichkeit, Gestalt, Art"), *scaf* (ahd. stMN „Beschaffenheit, Ordnung, Plan") und *tuom* (ahd. stMN „Urteil, Gericht, Recht, Macht, Fähigkeit") u.a.m. werden schon vor dem Frnhd. zu Suffixen *(-heit, -schaft, -tum)* ‚grammatikalisiert'. In frnhd. Zeit kommen noch *-gut, -werk, -wesen, -zeug* dazu. Die Ableitung auf *-heit* ersetzt oft eine ältere Ableitung (Derivation) auf *-(e)de*, die aber westoberdeutsch und westmitteldeutsch in frnhd. Zeit noch gebräuchlich ist: *hitzde, hoechde, schônde*. Die Verteilung von *-heit* und *-keit* entspricht im Frnhd. noch nicht dem Usus der Gegenwartssprache, wonach *-heit* mit einsilbigen, *-keit* mit mehrsilbigen Basen verbunden wird. Die Ableitungssilbe *-keit* verschmilzt häufig mit der Stammsilbe, wenn diese auf *-ig* oder *-lich* endet.

> T3a/b: *gelegenheit/ gelegenhait* (1-2 „Lage"); T4: *gijricheit* (mhd. *girde* neben *giricheit*); *traicheit* (mhd. *træge*, nhd. „Trägheit"); zu *j* bzw. *i* als Dehnungszeichen vgl. 3.6.4.

Frnhd. Formen wie *Verkauffer, Inwôhner* gehen auf die ahd./ mhd. Ableitung der Nomina agentis auf *-âri/ -ære* (*ja*-Stämme) zurück. Natürlich wurde hier stets apokopiert: *wahtære* zu *Wächter*. Der Einsatz von Umlauten weicht bisweilen vom nhd. Gebrauch ab. Auch alte Ableitung auf *-e* begegnet im Frnhd. (häufig apokopiert) noch relativ häufig (*Fûrsprech*).

> T3b: Bei *weissag* (72) ist nicht klar, ob es sich wirklich um ein Substantiv (Apposition) oder eine verderbte Verbform (vgl. T3a) handelt.

Deminuierung wird im Frnhd. überwiegend mit *-lein* (*-lîn*) bewerkstelligt. Das konkurrierende Suffix *-chen* kommt aus dem Mitteldeutschen. Die Ableitungssilben *-gen* (zuerst ripuarisch) sowie *-(e)l, -le, -li* (v.a. oberdeutsch) sind bis heute bekannte regionale Varianten der Deminuierung.

> T4: *boichelgyn* (16): „Büchelchen, Büchlein".

6.3.2 ADJEKTIVE
L→

Bei der Ableitung von Adjektiven konkurrieren *-iht* und *-ig;* *-iht* überwiegt im Mitteldeutschen und Alemannischen. In die Standardsprache eingegangen ist *töricht*.
Ableitungen auf *-bar, -lich, -sam* konkurrieren in frnhd. Zeit zu wechselnden Anteilen.

> T3a/b: *iamerig/ iemerig* (23)

6.3.3 VERBEN
L→

Von Adjektiven und Substantiven mittels *-ig*-Suffix abgeleitete Verben treten vor allem im Mitteldeutschen auf: *sündigen* vs. *sünden* (obd.).
Aus dem Französischen übernommene Ableitungen auf *-ieren*, zunächst auf den höfischen Bedeutungsbereich beschränkt (mhd. *tjostieren*: „einen ritterlichen Zweikampf ausfechten"), nehmen in frnhd. Zeit zu: nhd. *halbieren, buchstabieren*. Ihr Partizip Präteritum bilden sie bis heute stets ohne *ge*-Präfix.
Der Gebrauch der Präfixe *miß-, be-, ent-, ver-, zer-, ge-* weicht teils noch deutlich von nhd. Gepflogenheiten ab (Beispiele F. Hartweg/ K-P.Wegera: *Frühneuhochdeutsch*, S. 202).
Dentalisierung des *er*-Präfixes zu *der-* ist seit dem 14. Jahrhundert vor allem bairisches Merkmal: *derschlagen*.

6.4 ENTLEHNUNG AUS FACH-/ SONDERSPRACHEN

> T3b *graden* < lat. *gradus* („Schritt, Stufe" 44); T4 *nacion* < lat. *natio* („Völkerschaft, Stamm"19); *subtilicher* < lat. *subtilis* („fein gewebt, gründlich" 28); Luther: *dolmetschen* („[schriftlich] übersetzen") < slaw. *dolmatschen*.

7. Satzbau

»

Der Vergleich mit dem Mhd. ist insofern problematisch, als die Syntax in den Grammatiken des Mhd. zum größten Teil aus Versdichtung erarbeitet wurde, während wir es im Frnhd. überwiegend mit Prosatexten zu tun haben. Dass ein mhd. Reimpaargedicht während der Inkunabelzeit in seiner ursprünglichen Gestalt weitertradiert wurde wie der hier als Belegtext ausgewählte ‚Parzival' (T1), ist eher die Ausnahme. Meist wurden die alten Werke in Prosa umgesetzt (*Tristrant*, 14 Drucke bis 1664), anderes fand den Weg ins neue Medium überhaupt nicht (*Iwein*), sehr selten sind mhd. Werke ausschließlich als Drucke überliefert (*Engelhard* 1573).

Dennoch gibt es einige Beobachtungen zu machen, die damit zusammenhängen, dass aus einer Sprache, „die dem Ohr verständlich sein will", in frnhd. Zeit „eine Sprache der Schrift" entsteht. „Ihre Syntax ist eine Syntax des Auges" (Burdach). Das hat ein Anwachsen des Satzumfangs „auch durch Füllung von Satzgliedpositionen mit einer Vielzahl gleichgeordneter Glieder" zur Folge (J. Erben: *Syntax*, S. 1343). Dieses Anwachsen betrifft gleichermaßen sowohl den Verbkomplex als auch den Nominalkomplex.

7.1 AUSBAU DES VERBKOMPLEXES DURCH MEHRGLIEDRIGKEIT UND SYNONYMENKOPPLUNG

Die einfachste Form von Ausbau des Verbkomplexes liegt in der Neigung zur Synonymenkopplung begründet. Grund für die Kopplung unterschiedlicher Varianten könnte das Bestreben nach überregionaler Verständlichkeit sein. Vielgliedrige Verbkomplexe entsprächen aber auch dem „Bedürfnis nach Differenzierungen" (J. Erben: *Syntax*, S. 1344).

T3a: *so wöllen oder sollent wir* (6/7).

7.2 RAHMENBILDUNG DURCH AUSBREITUNG PERIPHRASTISCHER ZEITENBILDUNG: PRÄTERITUMSSCHWUND

Es ist in frnhd. Zeit eine Zunahme periphrastischer Vergangenheitsumschreibung (analytische Zeitenbildung) zu verzeichnen an Stellen, an denen im Mhd. überwiegend einfaches Präteritum stand. Dieser „Präteritumsschwund" hat sich v.a. südlich des Mains konsequent durchgesetzt (Präteritallinie). Dadurch wird der Verbkomplex zu mehrgliedrigen Gebilden ausgebaut:

> T2: *Dat wy gheseen hebbe(n)* (3, „was wir sahen"); T3a *ich hab geredt* (77).

Wo die verschiedenen Glieder des Prädikats auseinandertreten, entsteht der für den Aufbau des deutschen Satzes typische Satzrahmen:

> T4: *so is doch die eyrste vurbyldung vonden in Hollant* (26); *ind is vill meysterlicher ind subtilicher vonden* (28).

Diese Tendenz zeigen anschaulich unterschiedliche Satzstellungen in frühen und späteren Schriften Luthers: *Vnd er wirt erloßen Jsrael* (1517) zu *Vnd er wird Jsrael erlôsen* (1545) sowie *Nu sind gewesen sieben bruder* (1522) zu *Nu sind sieben Brŭder gewesen* (1545, zit. nach G. Philipp: *Einführung*, S. 97). In strukturell-typologischer Sichtweise spricht man davon, dass eine zentrifugale Wortordnung zu zentripetaler Ordnung umgestaltet wird, d.h. dass der abhängige Ausdruck vor dem regierenden Ausdruck zu stehen kommt.

> T4 weist überwiegend noch die ältere, nicht Rahmen bildende Stellung des Verbkomplexes auf: *Hye is tzo myrcken vlijslich* (4); *Ite(m) dese hoichwyrdige ku(n)st vursz is vonden aller eyrst in Duytschlant tzo Mentz am Rijne* (17f.). So auch T3 b: *So schullen wir pitten den parmhertzigen got* (6f.).

7.3 FUTUR

Futur, im Mhd. oft durch einfaches Präsens ausgedrückt oder mit *müssen, sullen, wollen* + Infinitiv umschrieben, wird im Frnhd. in zunehmendem Maße durch *werden* + Inf. wiedergegeben.

7.4 INFINITIVSÄTZE MIT ZU

Der im Nhd. gebräuchliche, sogenannte um *zu* erweiterte Infinitiv geht auf mhd. Gerundium im Dativ zurück. Hier dürfte wohl nur Apokope eingetreten sein:

> T4: *mynschen syn dae tzo vynden* (19) hätte mhd. geheißen: *sint dâ ze vindenne*.

7.5 AUSBAU DER NOMINALGRUPPE

Aber weil / villeicht etliche zu vnser zeit / vnd noch mehr / so nach vns komen werden / gute frume hertzen / die auch der sprachen kŭndig / und doch des dolmetschen vngeŭbt / sich môchten stossen vnd ergern [....] / *Wollen wir hiemit vrsachen anzeigen* [...]. Der Ausschnitt aus Luther, Ursachen des Dolmetschens (O. Reichmann/ K-P. Wegera: *Lesebuch*, S. 36f.), stellt ein Musterbeispiel des Phänomens dar. Am häufigsten tritt es in juristischen Texten auf, die bestrebt sind, über weite Gebiete und für alle Bevölkerungsschichten Verbindlichkeit zu beanspruchen (vgl. *Bambergische Halsgerichtsordnung*, in: O. Reichmann/ K-

P. Wegera: *Lesebuch*, S. 9: *Von Richtern und Vrteylern*).

»

Weitere typische Merkmale der frnhd. Syntax betreffen Gebrauch und Stellung des Genitivs, Rektion verschiedener Präpositionen, die von mhd. Regeln abweichende Verwendung der verschiedenen Flexionsarten des Adjektivs, die Art der Negierung von Satzaussagen und die Übernahme von typisch lateinischen Satzkonstruktionen ins Deutsche:

7.6 GENITIV

Der Genitiv ist im Frnhd. weitaus seltener gebraucht als noch im Mhd. Die Funktion des adnominalen Genitivs übernehmen teilweise neugebildete Komposita (6.3.1.), die Funktion von Genitivobjekten geht auf den Akkusativ oder Präpositionalgefüge über.

7.6.1 STELLUNG DES ADNOMINALEN GENITIVS

Zur besseren Unterscheidung von Komposita (*hymeltör* [T3b, Z.28]) wird das Genitivattribut nachgestellt (postnominal).

T 2: *in deme anbeginne des heruestes* (12/13) T3b: *kinder des reiches* (4); *des amplikch gots* (11) aber: *gotes amplikch* (9).
Den Übergang zeigt T4 *Uan der boychdrucker kunst* [1], die Missverständlichkeit der alten Konstruktion offenbart sich in den unterschiedlichen Auffassungen von T3a und b (33f.): *vnder der helle tor vnd des túffels* vs. *vnder der hellen tör des tewfels*.

7.6.2 GENITIV ALS OBJEKT

Der Gebrauch des Genitivobjekts, war im Mhd. noch weit verbreitet: *Iwein: des gît gewisse lêre* (4) „Dafür gibt ein eindrückliches Beispiel"; ...*daz er ouch tihtennes pflag* (25) „...dass er sich auch mit Dichtung beschäftigte"; *unser deheiner was sô laz* (128) „keiner von uns war so nachlässig"; *wir wârens (=wâren des) an iu ungewon* (169) „das waren wir nicht gewohnt von euch". Er ist im Frnhd. rückläufig, aber keineswegs unmöglich, vgl. im oben (7.5) angeführten Lutherzitat: *des dolmetschen vngeúbt* („im Übersetzen ungeübt").

T4: *want men vynt in geynen landen der boicher.*

Im übrigen ziehen aber einige Verben im Frnhd. noch andere Präpositionen und damit andere Kasus nach sich als im Nhd.: *er stige ab dem pferd, er kam hart bey mich* usw. (G. Philipp: *Einführung*, S. 108).

7.6.3 GENITIV ZUM AUSDRUCK EINES ZEITADVERBIALES

Die Funktion ist im Nhd. erhalten in der Formulierung *eines Tages*, ansonsten setzen sich Präpositionalgefüge durch.

73

T3b (1): *Des nagsten phintztags* vs. T3a *Am dornstag.*

7.7 DIE VERWENDUNG VERSCHIEDENER FLEXIONSARTEN DES ADJEKTIVS

Die Verwendung verschiedener Flexionsarten des Adjektivs je nach der syntaktischen Umgebung (best. Artikel vs. unbest. Artikel usw.) ist im Frnhd. (ähnlich wie im Mhd.) noch nicht derart streng geregelt wie in der Gegenwartssprache.

T3a/b: *Lieben kinder* (6, schwache Flexion) vs. *Libew kinder* (pronominal starke Flexion).

7.8 AUFGABE DER DOPPELTEN NEGATION

Die Negation einer Aussage wird im Mhd. oft mit Hilfe der Negationspartikel *en* oder *ne*, die sich meist en- oder proklitisch an benachbarte Wörter anlehnt, in Kombination mit *niht* doppelt zum Ausdruck gebracht: *ichn wolde dô niht sîn gewesen, / daz ich nû niht enwære* (‚Iwein' 54f.). Dieses Verfahren wird im Frnhd. schon recht bald aufgegeben.

T1: *Die múgen es nit erdencken* (17) vs. mhd. *sine mugens niht erdenken*; aber beibehalten: *Wer ropffet mich do nie kein har* (26). T2: *Wente nema(n)t schriuet dat in de boke* (5-7); T3a: *das er vns nit werfe in die usser vinsternuß* (8).

7.9 LATINISMEN

Frnhd. Literatur ist zu nicht geringem Teil Übersetzungsliteratur. Textsorten, die vormals fast ausschließlich dem Lateinischen vorbehalten waren, werden nun in die Volkssprache umgesetzt. Bei dieser Übertragungsarbeit zeigen die Übersetzer zuweilen einen hohen Grad an Problembewusstsein, so z.B. Ulrich von Pottenstein (Anfang 15. Jh.) in der Vorrede zu seinem Katechismus: *Auch ist czu merkchen, daz ich uil der schrifft, die ich in dem puch geseczet hab, vil paz hette mügen czu ainer aygen dewtsch bringen denn die dewtsch ist, die ich geseczt hab. [...] Darczu mag sich an allen steten aigne dewtsch nach der latein als die lawtet vnd nach dem text liget weder geschikchen noch gefügen, wann vmbred bringen an maniger stat in der schrifft mer nuczes vor dem gemainen volck denn aygnew dewtsch als daz die gelerten wissen, yedoch also das die warhait des sinnes mit vmbred icht verrucket werde.*[10](Was Ulrich hier *vmbred* nennt, entspricht Heinrich Hallers (2. Hälfte 15. Jh.) „schlichtem, allgemein verständlichem Deutsch": *Ich han auch das vorgena(n)t puch verwandelt nach dem text vnd etwe(n) nach dem sinn vund han das pracht zu ainer schlechte(n) gemainen teütz, die man wol*

---

[10] G. Baptist-Hlawatsch (Hg.): *Ulrich von Pottenstein, Dekalog-Auslegung*, Tübingen 1995 (Texte und Textgeschichte 43), S. 2f.

versten mag.[11] In demjenigen Deutsch, das der lateinischen Quelle näher steht und das Ulrich von Pottenstein hier *aygen dewtsch* nennt, sind dem Lateinischen nachgebildete Konstruktionen wie AcI (Accusativus cum Infinitivo) und relativer Satzanschluss naturgemäß häufiger anzutreffen als in der *vmbred* oder dem *gemainen teütz*.

---

[11] E. Bauer (Hg.): *Paternoster-Auslegung, zugeschrieben Jakob von Jüterbog, verdeutscht von Heinrich Haller*, Lund 1966 (Lunder Germanistische Forschungen 39), S. 299.

8. Übungsaufgaben

»

Die Fragen beziehen sich auf Text 5 aus dem Textanhang (Anhang I). Es handelt sich um ein ursprünglich lateinisches, weitverbreitetes Werk, die sogenannten *Disticha Catonis*, hier in einer zweisprachigen Ausgabe von ca. 1490.

8.1 TRANSKRIPTION

Transkribieren Sie zeilen- und buchstabengetreu aus den Inkunabelfragmenten Anhang I, 5 die Zeilen 1-16 und 21-36 (Schaft-‹ʃ› ist als rundes ‹s› wiederzugeben)!

8.2 ÜBERSCHRIEBENE ZEICHEN

Der Text weist innerhalb der ausgewählten deutschen Passagen keine Kürzel auf (vgl. Kap. 3.8). Außerdem fällt auf, dass keine diakritischen Zeichen verwendet wurden. Inwiefern ist dieser Umstand schon ein erster Hinweis auf die Lokalisierung des Textes?

8.3 GROSS- UND KLEINSCHREIBUNG

Versuchen Sie, aus den deutschen Passagen des Textes eine Regel für die Groß- und Kleinschreibung im konkret vorliegenden Fall zu ermitteln! Weicht dieses System von der sonstigen frnhd. Tendenz ab?

8.4 LAUTUNG UND LOKALISIERUNG

Führen Sie folgende Formen auf die normalmhd. Entsprechung zurück, benennen Sie die eingetretenen lautgesetzlichen Veränderungen an den unterstrichenen Stellen und schließen Sie ggf. auf die Lokalisierung des Textes! (Widersprüchliche Ergebnisse sind gerade bei Drucken, die auf überregionalen Absatz abzielen, möglich!)

	mhd. Entsprechung	Lautgesetzliche Veränderung	Lokalisierung
1 *verschweyg*			---
4 *all<u>ei</u>n*			
8 *<u>o</u>ne*			---
10 *ver<u>p</u>orgen*			
13 *ver<u>sch</u>mach*			---
14 *l<u>ei</u>besz*			
15 *kra<u>fft</u>*			---
21 *her<u>c</u>zen*			---
22 *gel<u>u</u>ck*			

27 _gut_			
33 _Uol<u>ch</u>_			

8.5 FORMENLEHRE
VERBEN

Da die belehrenden Strophen der _Disticha Catonis_ naturgemäß überwiegend im (Imp.) Präs. gehalten sind, sei hier
zur Erweiterung des Formenspektrums die Schlußstrophe
des Gedichtes angefügt:

> _Du magst wol wundern(n) dar ab_
> _Dasz ich schlecht gescriben hab_
> _Zwenn kurcz syn han es gethan_
> _Das ich zwen versz gefuget han_

Bestimmen Sie die Formen von a) _gescriben_ und b) _gefu-
get_!
Führen Sie die beiden Formen auf ihre mhd. Entsprechun-
gen zurück, ordnen Sie sie der entsprechenden Klasse zu
und ergänzen Sie die übrigen Stammformen! Welche Veränderungen lassen sich im Vergleich mit den nhd. Entspre-
chungen namhaft machen?

8.6 FORMENLEHRE
SUBSTANTIVE

Bestimmen Sie folgende Substantive, führen Sie sie auf die
mhd. Entsprechung zurück und benennen Sie die eingetretenen Veränderungen!

a) _krefft_ (13)			
b) _leibe_ (15)			
c) _herczen_ (21)			

Beschreiben Sie kurz, welche Veränderungen sich in der
jeweils vorliegenden Deklinationsklasse ergeben haben!

8.7 LEXIK

a) In einer weiteren Übersetzung der _Disticha Catonis_ (in
der einschlägigen Literatur mit der Sigle Z versehen) werden teils von der vorliegenden Fassung abweichende Lexeme verwendet:

verschweyg (1)	_verhil_
beschulden (3)	_schelden_
verporgen (10)	_verstoln_
leibesz (14)	_mannes_

Erläutern Sie kurz dieses Phänomen an einem der genannten Beispiele!

b) Beschreiben Sie den Bedeutungswandel, den die Lexeme *peyn* (8), *dick* (9), *wenig* (14) und *knecht* (33) zum Nhd. hin erfahren haben!

In den folgenden Phrasen zeigen sich Merkmale der frnhd. Syntax, die typische Fortentwicklungen gegenüber dem mhd. Satzbau darstellen:

a) *schacz nicht in dem synne dein* ...(7)
b) *... krefft noch list eines leibesz* (13f.)
c) *Zwenn kurcz syn han es gethan* ... (vgl. 8.5)

Benennen Sie die Veränderungen!

Anhang I: Texte

1. Wolfram von Eschenbach: *Parzival*

Inkunabeldruck, Straßburg (Mentelin) 1477

Studienausgabe des mhd. Textes von Karl Lachmann [7]1952, 1, 1-28

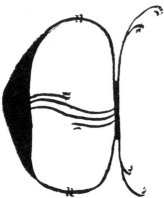

$\mathfrak{E}$t zweiffel hertzen nachgebur
Das müß der felen werden fur
Gefchmehet vnd gezieret
Ift wo fy parieret
5   In eimes verzagten mannes müt
Alfo agelafter varbe thüt
Der mag darnach wefen gail
Wañ an im fein baide tail
Des himels vnd der hellen
10   Der vnftendige gefellen
Het die fchwartze varbe gar
Vnd ift nach der vmfteruar
So hebent fich an die blancken
Der mit fteten gedancken
15   Dib fliegende beifpel
Ift cummen leüten gar fchnel
Die mügen es nit erdencken
Wann es kan voz im wencken
Recht als ein erfchelter hafe
20   Zü anderthalb dem glafe
Gleichet vnd des blinden trom
Die gebent alle antlütz rom
Doch mag mit ftete nit gefein
Difer trübelechte fchein
25   Er machet kurtze fröde alwar
Wer ropffet mich do nie kein har
Gewüchß innen in meiner band
Der het fo nabe griff erkand

Ist zwîvel herzen nâchgebûr,
daz muoz der sêle werden sûr.
gesmæhet unde gezieret
ist, swâ sich parrieret
5   unverzaget mannes muot,
als agelstern varwe tuot.
der mac dennoch wesen geil:
wande an im sint beidiu teil,
des himels und der helle.
10   der unstæte geselle
hât die swarzen varwe gar,
und wirt ouch nâch der vinster var:
sô habet sich an die blanken
der mit stæten gedanken.
15   diz vliegende bîspel
ist tumben liuten gar ze snel,
sine mugens niht erdenken:
wand ez kann vor in wenken
rehte alsam ein schellec hase.
20   zin anderhalb an dem glase
geleichet, und des blinden troum:
die gebent antlützes roum.
doch mac mit stæte niht gesîn
dirre trüebe lîhte schîn:
25   er machet kurze vröude alwâr.
wer roufet mich dâ nie kein hâr
gewuohs, inne an mîner hant?
der hât vil nâhe griffe erkant.

80

2. Valascus de Taranta: *Pestregimen* (dt.), Lübeck 1484.

¶ Dat erste cappittel van wat saken/vnde
in wat tiden/de pestilencie kumpt.)
DAt wy gheseen hebbe(n) /dat
tughe wy. vnde vnse tuch-
5   nisse is warafftich. Wente
nema(n)t schriuet dat in de bo
ke/dat he niche gheseen ed-
der gehort heft/edder gelert
hefft.edder myt vasten sake(n)
10   bewisen kann. Hyr v(m)me seg
ghe ick dat de pestilencie ku(m)pt vnderwilen an ener
heten tit/alse in deme somere/vn(d) in deme anbeginne
des heruestes. Dar v(m)me so secht de hoghe meyster
Auicenna/ […]

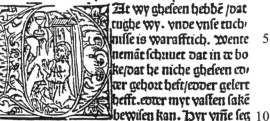

3. Johannes Bischoff: *Fastenpredigten*, Vorrede der zweiten Predigt

a) Ka (Karlsruhe. LB. Cod. Lichtenthal 61)

Am dornstag nach der áscher mittwoch von der gele-
genheit etc.
FIlij autem regni eicientur in tenebras exteriores Ma-
thei viij Die kinder des riches, die werdent geworfen In
die vsser vinsternuß;
Lieben kinder ee das wir von dem worte redent, so
wöllen oder sollent wir bitten den barmhertzigen gott,
das er vns nit werfe In die vsser vinsternuß, wann die
ewige klarheit vnd die vinsternuß der helle, die sint
wider ein ander;
von der clarheit des anblicks gottes spricht Iohannes In
dem bůch der tugent[!] Capitulo j Facies eius Sin anblick schinet als die sonne In Irer Crafft.
Aber von der stat der vßwendigen vinstern spricht
dauid an dem psalter Obscurentur etc. Ire ougen sollen
erfinstern, das sy das liecht niemer sehen,
vnd die stat fůget sich wol den verdampten, die ir eigen
bosßheit geblendet hat,
wann als wir natúr (5vb) lich sehent, das die lúte, die
mit den ougen blint sind, vnd die liblichen sonnen nit
gesehen mögent,
Also spricht sant Augustin de uera religione Anima
hominis Des menschen sele, wie wol die iamerig ist
von der súnden wegen, doch so wúrt sy ordenlich da
hin gefúrt, do die iemerigen billich sint, In die helle,
Vnd dar vmb halt hie in dem leben so sint die súnder
nit verr von der helle,
wann als die kúlch hie heißet ein hymel thor, als
geschriben stat Genesis xxvij Non est hic aliud Es ist
anders nit hie die kúlchen gottes, dann ein gottes huß
vnd ein himel porten, Vnd also die In der kúlchen sind
mit gůten wercken, die sind vnder dem himel thor,
Also die vs der kúlchen sint mit súnden, die sint vnder
der helle tor vnd des túffels,
Als Ecclesiasticus spricht lj° capitulo Vita mea Min
leben was nahent zú den vndersten vnd dar vmb so ist
die antwúrt offenbar den lúten, die do fragent, wie
verr von dem erterrich sy gen himel oder gen helle.
So antwúrt Ich vnd sprich, das nů ein tritt sy, wann
yedermann, er sy bôß oder gůt, der ist vnder sinem
thor, vnd wenn die seele von dem lib scheidet, so ist sy
zehand In einem ougenblick In dem himel, ob sy gůt
ist, oder in der helle, ob sy bôß ist.
j Regum 2° Vno tantum, Nú ein staffel haben wir von
ein ander Ich vnd der tod
vnd (6ra) der Iob spricht xxxj° capitulo In puncto In
einem augenblick so farent sy In die helle.
Von der helle spricht bernhardus de tribus vinculis
Beatus homo Der ist ein säliger mensch, der nicht nitz
freißlichers vnd vigentlichers ding schetzt dann die
helle ist.

b) Kl (Klagenfurt, Bischöfliches Archiv, Cod. XXXI a 14)

Des nagsten phintztags nach dem Aschtag die vorred,
die sagt von der gelegenhait der verdampten
FIlij autem regni eiciuntur in tenebras exteriores Ma-
thei viij° Die kinder des reiches, die werden geworffen
in die (7va) ausser vinsternuss;
Liebew kinder ee vnd wir von dem wort reden, So
schullen wir pitten den parmhertzigen got, Das er
vns[12] icht weriff in die ausser vinster, wann wer darein
chumpt, der gesiecht gotes amplickh nymmer mer,
Wann chlarchait vnd vinster, die sein wider ain ander.
Von der chlarchait des amplikch gots spricht Johannes[13] in dem puech Der tawgen capitulo j° Facies eius
Sein amplikch, der scheint als die sünn in ir chrafft,
aber von der stat der auswendigen vinster spricht Dauid in dem Salter Obscurentur oculi eorum Ire augen
schullen ervinstern, Das sy das liecht nymer sehen,
vnd die stat fuget sich wol den verdampten, die ir
aigne poshait geplendet hat,
Wann sam wir naturleich sehen, das die lewt, die mit
den augen plind sind, die leipleichen sünn nicht gesehen mügen,
Also spricht Sand Augustin de vera religione anima
hominis Des menschen sel, wie wol die iemerig ist
von der sunden wegen, Doch wirt sy ordenleich da hin
geschikcht, da die iemerigen pilleich sein, in die hell,
Vnd darvmb halt hie in dem leben, So sind die sunder
nicht verr von der hell, (7vb)
Wann sam die kirichen hie haisst ain hymeltör, als
geschriben stet Genesis xxvij° Non est hic aliud etc.
Es ist anders nicht hie die kirichen gots, nur ain gots
haws vnd ain himelpörten, vnd also die in der kirichen sind mit guten werichen, die sind vnder dem
himeltör, Also die aus der kirichen sein mit sunden,
die sind vnder der hellen tör des tewfels,
sam Ecclesiasticus spricht lj° capitulo Vita mea Mein
leben was nehund zu den vndristen Vnd darumb so ist
die antwurt offenbar den lewten, Die da fragen, wie
verr von dem erdreich sey gen himel oder gen hell.
So antwürt ich vnd sprich, Das nur ain tritt, Wann
yederman, er sey pös oder guet, Der ist vnder seinem
tör, vnd wann die sel von dem leib schaidt, so ist si zu
hant zů ainem augenplikch in dem himel, ob sy gůt ist,
oder in der hell, ob si pös ist.
j° Regum ij° Vno tantum Nür ainen graden haben wir
von ainander ich vnd der töd,
vnd der Iob spricht xxxj° capitulo In puncto In ainem
augenplikch so varent sy in die hell.
Von der hell spricht Bernhardus De tribus vinculis
Beatus homo Der ist ain seliger mensch, der nichts
fraisleichers vnd veintlichers dinkch schätzt Denn die
hell (8ra) ist.

---

[12] *vns* fehlt in der Handschrift.

[13] Handschrift *Johnes* ohne Kürzel.

In der alten vetter leben lißet man, das ein abbt macha-
rius, der do gieng durch ein wûsten, do vänd er ein
todten houpt ligen vnd rûret das mit sinem stab an vnd
fraget es, was es wer gewesen. Es antwúrt vnd sprach: 55
Ich was ein wil ein heidinischer priester vnd wúrd hie
gepiniget an der stat, Wann ich ettwann hie gewont
hab. Es fraget der apt: Ist din pin groß? Er antwúrt: als
verre von dem himel vff das erterrich Ist, als vil ligt fúr
vff vnnsern henden vnd fûßen, vnd keiner mag den 60
andern nit gesehen, wann mit den rucken sint wir zü
ein ander gebunden, Aber dann, wann du fúr vns bit-
test, So latt man einen den andern sehen, vnd das ist
vns ein kleiner trost oder me ein leid, wann einer den
andern In dem Iamer sicht da er selber Innen ist, den er 65
lieb hat gehabt. Er fraget In, ob keiner vnder In were,
der grôsßer pin litte. Er sprach: Ia, die falschen Cristen,
die Cristum habent erkant vnd wider In geton habent
vnd wider allen sinen willen,

die sint geworffen in die vsser-(6rb)ist vinsternuß, Vnd 70
die helle hat gefôrcht Ezechias der kúng, do er kranck
ward vntz in den tod, Do kam zú im Ysaias der wisßa-
get Im von gottes wegen vnd sprach: Richte vs das
geschefft dines hußes, wann du mûst sterben vnd macht
nit geneßen, als man lißet in der hútigen letzgen Ysaias 75
xxxviij. Do er das horte, Do weinet er bitterlich vnd
sprach: Ich hab geredt mitten in minen Iaren, Ich gon
da hin zü dem hellischen tor. Die vorcht der helle, die
zwang In zeclagen, Durch der clag willen behûb er
lengerung sins lebens xv iar vnd sin gesuntheit vnd sin 80
erledigung vnd siner stat Iherusalem vs den henden des
kúnges asyriorum,

Also tû du ouch vnd vôrcht die helle vnd bewein din
súnde, so macht du gottes barmhertzikeit erwerben,
Als von den zâchern vnd trähern Spricht Bernhardus 85
Lacrime penitencium Die trähen der bûßfertigen sint
ein weinender engel Vnd dar vmb so gebent cze trin-
cken mett den clagenden vnd den win die bitters gemû-
tes sind, das die vergessen Ires leides vnd Ires Iamers
fúrbas nit gedenckent, 90
das an vns nit geschäch das wort Die kinder des richs
werdent geworffen in die vsserste vinsternuße, Wann
von dem wort will ich me reden, on gottes gnaden mag
Ich es nit volbringen, So bitten got vmb gnad mit einem aue maria. 95

In der alten väter leben list man, das ain Abbt Marcha-
rius[14], Do er gie durich ain wugst, Do vand er ain toten
haubt ligen vnd rürat das mit seinem stab an vnd fragt
es, was es wer gebesen. Es antwurtat vnd sprach: Ich
was weýlent ain haydinischer priester vnd wird hie
gepeinigt an der stat, Wann ich ettwann hie gewont
han. Es fragt der Abbt: Ist dein pein gross? Er antwurt:
als ver von himel auf das erdreich ist, als vil leit féwr
auf vnsern henden vnd fuessen, vnd chainer mag den
andern nicht gesehen, Wann mit rükken sein wir zü
ainander gepunden, Dann wann dü für vns pirst[15], so
let man ainen den ander sehen, vnd das ist vns ain
chlainer tröst oder mer ain laid, Wenn ainer den andern indem iamer siecht, Da er selber inne ist, den er
lieb hat gehabt. Er fragt in, ob yémant vnder in wér
der grossere pein lid. Er sprach: Ia, die falschen chris-
ten, die Christum habent erchant vnd wider in getan
habent vnd wider allem[!] seinen willen.

die ausserist vinster vnd die hell, die hat geworicht
Ezechias der Chunig, do der chrankch ward hintz in
den töd, Do chöm zu im Ysaýas der weissag von gots
wegen vnd sprach: Richt aus das geschefft (8rb) deins
haws, Wann du múst sterben vnd macht nicht genesen,
Sam man list in der héwtigen letzen Ysaýe xxxviij°.
Do er das hort, er waýnat pitterleich vnd sprach: Ich
hab geredt mitten in meinen iaren, Ich gee dahin zu
den hellischen toren. Die varicht der hell, die twang in
zü chlag, Durich der chlag willen behabt er lengerung
seins lebens funffczehen iar Vnd seinen gesunt vnd
sein erledigung vnd seiner stat Jerusalem aus den
henden des Chunigs Assiriorum,

Also tü auch du vnd furcht die hell vnd bewain dein
sund, so machtu gots parmherczigkaitt erwerben,
Sam von den zehern spricht Bernhardus Lacrime peni-
tentium Der zeher der pueswertigen sind ain wein der
engel, vnd darvmb so gebt ze trinkchen mét den chla-
gennden vnd wein den, die pitters gemúts sind, das die
vergessen írs leidens vnd irs iamers furbas nicht ge-
denkchen,
Das an vns icht geschech das wórt Die chinder des
reichs werdent geworffen in die ausseristen vinster,
von dem wort wil ich mer reden, an gots gnad mag ich
es nicht verpringen, Pitt got vmb gnad mit ainem Aue
maria, Aua[!] maria.

---

[14] *Nota* am Rand.

[15] In der Handschrift *pist* über der Zeile nachgetragen.

4. *Uan der boychdrucker kunst*, aus: *Cronica van der hilliger Stat van Coellen*, Köln 1499, f. 321r/v

Uan der boychdrucker kunst.

Wanne.Wae.ind durch wen is vondē dye vnvyſſprechlich nutze kunſt boicher tzo drucke

Hye is tzo myrcken vliſtlich

5 wiſſheit vperweckt die Conesant kunst/dat men nu boicher druckt/ind die vermanichfeldiget ſo ſere/dat eyn yeder mynſch mach den wech ð ſelicheit ſelffs leſen off boerē leſen. Wat vnd winde ich mich tzo ſchrijnē ind tzo vertzellen dat Coff/den nutze/die ſelicheit die vyſſ ð kunſt vntſprinckt ind vntſpru gen is/die niet vyſſprechlich is/dat myr getzuigen alle die ſchrifft lieff hauē.got geue idt
10 ſyn Ceyen die buytſch kunnē leſen. off geleirte lude die Catijnſcher ſpraich geb:uychen/ off moenche offnönen/ind kurtzlich aff gemeyn. O wye vill geſleter/wye vntzellige jnnicheyt den werden geſcheppet ouermitz die gedrulkde boicher. Itē wye vill koeſtlicher vñ ſeliger vermanunge geſchien in den Predicatē Ind dat kumpt allit vyſſ der vurſ Edeler kunſt Och wat groiſſer nutz ind ſelicheit/off Sy willē kupt dae vā den genē die/die gedruckde
15 Boicher machen/off bereyden helpen/wie ouch dat ſyn mach. Ind den geluſte dae van tzo leſen ð mach ouerſyen dat Boichelgy dat gemacht hait ð groiſſ keroempte Doctoir Jo hānes Gerſon. De laute ſcriptorū. Itē dat boichelgyn dat gemacht hait ð geyſtlich vā

der ind Abt tzo Spaſſeym her Jobānes vā Trettenheym. Itē deſe boichwyrdige kuſt vurſſ is vonden aller eyrſt in Duytſchlant tzo Mentz am Rijne. Ind dat is ð duytſch
20 ſcher nacion eyn groiſſe eirlicheit dat ſulche ſyntriſche mynſchen ſyn Dae tzo vynde. Ind dat is geſchiet by den iairen vns heren/anno dñi.MCCCCxl.ind vā der zijt an bis men ſchreue.L.wart vnderſoicht die kunſt ind wat dair tzo gehoirt. Ind in den iaurē vns heren do men ſchreyff.MCCCC L.Do was eyn gulden iair/do began men tzo drucken ind was dat eyrſte boich dat men druckde die Bybel tzo Catijn/ind wart gedruckt mit eyn
25 re grouer ſchrifft.as is die ſchrifft dae men nu Myſſeboicher mit druckt. Item wiewail die kunſt is vonden tzo Mentz/als vurſſ vp die wiſe/als dan nu gemeynlich gebruicht wirt/ſo is doch die eyrſte vurbyldung vonden in Hollant vyſſ den Donaten/die dae ſelffit vur der zijt gedruckt ſyn. Ind vā ind vyſſ den is genōmen dat begynne der vurſſ kunſt.ind is vill meyſterlicher ind ſubtilicher vonden dan die ſelue manier was/vnd ye
30 lenger ye mere kunſtlicher wurden. Item eynrē genant Omneboniū der ſchrijfft in eynre vurrede vp dat boich Quinriliaanus genoempt. vnd ouch in anderen meir boicher/dat eyn Wale vyſſ Vranckrijch/genant Nicolaus genſon haue alre eyrſt deſe meyſterliche kuſt vonden/mer dat is offenbairlich gelogen.want Sij ſyn noch jm leuen die dat getzuige dat men boicher druckte tzo Venedige.ee der vurſſ Nicolaus genſon dar quame/dat he
35 began ſchrifft tzo ſnijden vnd bereyden.Mer der eyrſte vynder der druckerye is geweſt eyn Burger tzo Mentz.ind was geboren vā Straiſſburch.ind hieſch joncker Johan Guden burch Itē vā Mentz is die vurſſ kuſt komen alre eyrſt tzo Coellē. Dairnae tzo Straiſ burch/ind dairnae tzo Venedige.Dat begynne ind voirtganck der vurſſ kunſt hait myt mutlich vertzelt ð Eirſame man Meyſter Vlrich zell vā Hanauwe. Boichdrucker tzo Coellē noch zertzijt. anno.MCCCCxcix. durch den die kunſt vurſſ is tzo Coellē komē.

Uan der boychdrucker kunst, aus: *Cronica van der hilliger Stat van Coellen*,
Köln 1499[16] (Transkription)

Uan der boychdrucker kunst.
Wanne. Wae. ind durch wen is vonde(n) dye vnvyssprechlich
nutze kunst boicher tzo drucke
HYe is tzo myrcken vlijslich [… Zeitklage: in dieser Zeit habe Gott in seiner unergründlichen] wijsz-
heit vperweckt die lonesam
[5] kunst, dat men nu boicher druckt, ind die verma(n)nichfeldiget so sere, dat eyn yeder mynsch
mach den wech d(er) selicheit selffs lesen off hoere(n) lesen. Wat vnd(er)winde ich mich zo schri-
jue(n)
ind tzo vertzellen dat loff, den nutze, die selicheit die vyss d(er) kunst vntsprinckt ind vntspru(n)
gen is, die niet vyssprechlich is, dat myr getzuigen alle die schrifft lieff haue(n). got geue idt(?)
syn leyen die duytsch kunne(n) lesen. off geleirde lude die latijnscher spraich gebruychen, off
[10] moenche off no(n)nen, ind kurtzlich all gemeyn. O wye vill gebeder, wye vntzellige innichey-
den werden gescheppet ouermitz die gedruckde(n) boicher. Ite(m) wye vill koestlicher vn(d) seliger
vermanunge(n) geschien in den Predicate(n) Ind dat kumpt allit vysz der vursz[17] Edeler kunst
Och wat groisser nutz ind selicheit, off Sy wille(n), ku(m)pt dae va(n) den gene(n) die, die gedruckde
boicher machen, off bereyden helpen, wie ouch dat syn mach. Ind den geluste dae van tzo
[15] lesen d(er) mach ouersyen dat boichelgy(n) dat gemacht hait d(er) groiss beroempte Doctoir Jo
ha(n)nes Gerson, De laude scriptoru(m). Ite(m) dat boichelgyn dat gemacht hait d(er) geystlich va
der ind Abt zo Spa(n)heym her Joha(n)nes va(n) Trettenheym. Ite(m) dese hoichwyrdige ku(n)st
vursz is vonden aller eyrst in Duytschlant tzo Mentz am Rijne. Ind dat is d(er) duytsch
scher nacion eyn groisse eirlicheit dat sulche synrijche mynschen syn dae tzo vynde(n). Ind
[20] dat is geschiet by den iairen vns heren, anno d(omi)ni .MCCCCxl. ind va(n) der zijt an bis
men schreue .l. wart vndersoicht die kunst ind wat dairzo gehoirt. Ind in den iaire(n) vns
heren do men schreyff .MCCCCl. do was cyn gulden iair, do began men tzo drucken
ind was dat eyrste boich dat men druckde die Bybel zo latijn, ind wart gedruckt mit eyn
re grouer schrifft. as is die schrifft dae men nu Mysseboicher mit druckt. Item wiewail
[25] die kunst is vonden tzo Mentz, als vursz vp die wijse, als dan nu gemeynlich gebruicht
wirt, so is doch die eyrste vurbyldung vonden in Hollant vyss den Donaten, die dae
selffst vur der tzijt gedruckt syn. Ind va(n) ind vyss den is geno(m)men dat begynne der vursz
kunst. ind is vill meysterlicher ind subtiulicher vonden dan die selue manier was, vnd ye
lenger ye mere kunstlicher wurden. Item eynre genant Omnebonu(m) der schrijfft in eynre
[30] vurrede vp dat boich Quintilianus genoempt. vnd ouch in anderen meir boicher, dat ey(n)
Wale vyss Vranckrijch, genant Nicolaus genson haue alre eyrst dese meysterliche ku(n)st
vonden, mer dat is offenbairlich gelogen. want Sij syn noch jm leuen die dat getzuige(n)
dat men boicher druckte tzo Venedige, ee der vursz Nicolaus genson dar quame, dair he
began schrifft zo snijden vnd bereyden. Mer der eyrste vynder der druckerye is gewest eyn
[35] Burger tzo Mentz. ind was geboren va(n) Straiszburch. ind hiesch joncker Johan Guden
burch Ite(m) va(n) Mentz is die vursz ku(n)st komen alre eyrst tzo Coelle(n). Dairnae tzo Strais-
burch, ind dairnae tzo Venedige. Dat begynne ind vortganck der vursz kunst hait myr
mu(n)tlich verczelt d(er) Eirsame man Meyster Vlrich tzell va(n) Hanauwe. boichdrucker zo
Coelle(n) noch zertzijt. anno. MCCCCxcix. durch den die kunst vursz is zo Coelle(n) kome(n).

[16] Die Abbildung stammt aus dem Ausstellungskatalog *Die edel kunst der truckerey. Ausge-*
wählte Inkunabeln der Universitätsbibliothek Heidelberg, bearbeitet von A. Schlechter,
Heidelberg 2005 (Schriften der Universitätsbibliothek Heidelberg 6).
[17] Der hier häufig gebrauchte Ausdruck bedeutet: „vorgenannte(r), schon genannte(r), besag-
te(r) […]".

5. Text zu den Übungsaufgaben: *Disticha Catonis* ca. 1490, UB Heidelberg
   Ink. 40 oct.

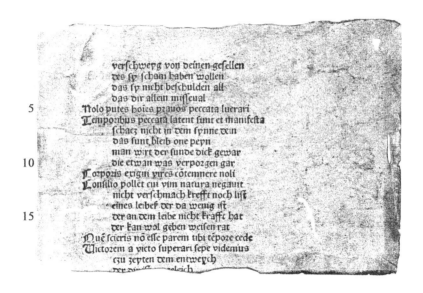

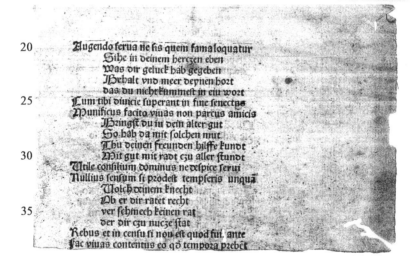

Anhang II: Lösungen zu den Übungsaufgaben (Kap. 8)

Zu 8.1

		verschweyg von deinen gesellen
		des sy scham haben wollen
		das sy nicht beschulden all
		das dir allein misseual
	5	Nolo putes ho(m)i(n)es prauos peccata lucrari
		Temporibus peccata latent sunt et manifesta
		schacz nicht in dem synne dein
		das sunt bleib one peyn
		man wirt der sunde dick gewar
	10	die etwan was verporgen gar
		Corporis exigui vires co(n)temnere noli
		Consilio pollet cui vim natura negauit
		nicht verschmach krefft noch list
		eines leibesz der da wenig ist
	15	der an dem leibe nicht krafft hat
		der kan wol geben weisen rat

	21	Sihe in deinem herczen eben
		Was dir geluck hab gegeben
		Behalt vnd meer deynen hort
		Das du nicht kummest in ein wort
	25	Cum tibi diuicie superant in fine senectus
		Munificus facito viuas non parcus amicis
		Bringst du in dein alter gut
		So hab da mit solchen mut
		Thu deinen freunden hilffe kundt
	30	Mit gut mit radt czu aller stundt
		Utile consilium dominus ne despice serui
		Nullius sensum si prodest tempseris unqua(m)
		Uolch deinem knecht
		Ob er dir ratet recht
	35	ver schmech keinen rat
		der dir czu nucze stat

Zu 8.2   Diakritische Zeichen können im wesentlichen zwei Funktionen erfüllen: Sie können Umlaut bezeichnen und Diphthong anzeigen.

Wenn beide Funktionen hier nicht gegeben sind, so spricht das für einen mitteldeutschen Druckort, da 1. oberdeutsche Schreib- und Druckorte in Bezug auf die Bezeichnung des Umlauts Vorreiterfunktion übernehmen (3.9) und 2. die Notwendigkeit der Diphthongmarkierung wegen der mitteldeutschen Monophthongierung nicht gegeben ist (4.2.2).

Zu 8.3 Die Groß- und Kleinschreibung ist hier recht willkürlich gehandhabt. Der Drucker tendiert dazu, Zeilenanfänge durch Majuskeln zu markieren. Diese Tendenz wird aber nur im zweiten Textfragment und selbst dort nicht konsequent durchgehalten. Durch dieses System der Großschreibung wird (ähnlich wie in Text 1) die gebundene Form des Textes unterstrichen, die syntaktische Gliederung bleibt unberücksichtigt. Damit hängt auch das Fehlen von Satzzeichen wie Punkt und Virgel zusammen.

Die frnhd. Tendenz geht dahin, Majuskeln bei Titeln, Satzanfängen, Substantiven und sonstigen bedeutungsschweren Wörtern, allen voran bei ‚Nomina sacra‘, zu setzen (3.3).

Zu 8.4

	mhd. Entsprechung	lautgesetzliche Veränderung	Lokalisierung
1 *verschweyg*	verswîc	Keine lautgesetzliche Veränderung: Auslautverhärtung frnhd. nicht mehr notiert (3.10); (die alte Schreibweise ist in *wirt* [9] anzutreffen)	---
4 *allein*	allein	Teilsenkung graphisch nicht als ‹ai› realisiert (4.2.9)	nicht (o)obd.
8 *one*	âne	Verdumpfung (4.2.7)	---
10 *verporgen*	verborgen	*p* an Stelle von normalmhd. *b* im Silbenanlaut (4.1.1.1)	(o)obd. (der Widerspruch zu Z. 4 kann darin begründet liegen, dass eine obd. Vorlage in einen md. Druck übertragen wurde, wofür es auch noch weitere Indizien gibt)
13 *verschmach*	versmæch	Palatalisierung (4.1.2)	---

14 *leibesz*	lîbes	frnhd. Diphthongierung (4.2.1)	nicht alem., nicht osthess., nicht westthür.; nicht rip.; nicht nd.
15 *krafft*	kraft	keine lautlich relevante Veränderung: ‚Konsonantenhäufung' (3.7)	---
21 *herczen*	herzen	Affrikata wird als solche zur Unterscheidung vom Reibelaut durch Digraphie ‹tz› oder ‹cz› gekennzeichnet (3.6.1)	---
22 *geluck*	gelücke	keine Umlautbezeichnung (3.9)	md.
27 *gut*	guot	md. Monophthongierung (4.2.2)	md.
33 *Uolch*	volc	Reibelaut für Verschlusslaut (4.1.1.3)	md. oder nürnbergisch

Zu 8.5   a) Part. Prät. in nichtflektierter Form
mhd. stv. AR 1a:

schrîben	schrîbe	schreip	schriben	geschriben
schreiben	schreibe	schrieb	schrieben	geschrieben
Diphthongierung (4.2.1)	(dito)	Übernahme der gedehnten Form aus dem Pl. Präteritum: Numerusnivellierung, Tempusprofilierung (5.1.1.1)	Dehnung der kurzen offenen Tonsilbe (4.2.12)	Dehnung (im konkret vorliegenden Fall graphisch nicht realisiert!)

Die vorliegende Form *gescriben* zeigt die nicht palatalisierte Variante.

b) Part. Prät. in nichtflektierter Form
mhd. swv. der *jan*-Klasse mit Rückumlaut:

füegen	*füege*	*fuogte*	*gefüeget*	*gefuogter*
fügen	*füge*	*fügte*	*gefügt*	*gefügter*
md. Monophthongierung (4.2.2)	(dito)	Ausgleich des Rückumlauts (5.1.2.1)	Synkope (4.2.10)	Ausgleich des Rückumlauts

Die vorliegende Form *gefuget* zeigt die nicht synkopierte Variante, die hinsichtlich des Wurzelvokals Ausgleich mit der flektierten Form (mhd. *uo* > frnhd. *u*: Monohphthongierung) aufweist.

Zu 8.6

	Bestimmung	mhd. Entsprechung	Veränderung
a) *krefft* (13)	Akk. Pl. F	*krefte*	Konsonantenhäufung, Apokope
b) *leibe* (15)	Dat. Sg. M	*lîbe*	Diphthongierung
c) *herczen* (21)	Dat. Sg. N	*herzen*	Verdeutlichung der Affrikata durch *cz*-Schreibung

a) Mhd. *kraft* ist der i-Deklination zuzurechnen. Hier fand eine Kasusnivellierung statt, indem im Gen. und Dat. Sg. die alten Formen *krefte* zugunsten von *kraft* aufgegeben werden, so dass das Paradigma im Sg. in allen Kasus einheitlich *kraft* lautet. Zugleich tritt eine Numerusprofilierung ein: Alle Pluralformen haben als gemeinsames Merkmal Umlaut (5.2.10).

b) Mhd. *lîp* ist der *a*-Deklination zuzurechnen. Im Zuge der Numerusprofilierung wird der Pl., der mhd. *lîbe, lîbe, lîben, lîbe* lautete, einheitlich mit der Stammerweiterung *-er* versehen und so deutlich vom Sg. Unterschieden: *Leiber, Leiber, Leibern, Leiber*. Dieses Pluralkennzeichen hatten im Mhd. nur die wenigen Vertreter der *-iz-/ -az*-Stämme (5.2.6). Das durch Lexemspaltung abgetrennte *Laib* („Brotlaib") bleibt bei der alten Pluralbildung.

c) Mhd. *herze* war Vertreter der schwachen Neutra: *herze, herzen, herzen, herze // herzen, herzen, herzen, herzen*. Im Nhd. ist *Herz* einer gemischten Deklination zuzurechnen. Auch hier tritt eine Numerusprofilierung ein, indem der Sg. stark, der Pl. aber schwach flektiert erscheint: *Herz, Herzens, Herzen, Herz // Herzen, Herzen, Herzen, Herzen* (5.2.15).

Zu 8.7   a) In den vorliegenden Beispielen werden bei ungefähr inhalts-seitiger Entsprechung verschiedene Lexeme verwendet. Man spricht in diesem Falle von Varianten. Im Laufe der Entwicklung zum Nhd. hin ergab sich eine Vertikalisierung des Variantenbe-stands: Bestimmte Lexeme wurden als höherwertig betrachtet als andere und fanden somit Eingang in die Standardsprache. In den hier genannten Fällen wären dies (1) „verschweige", (3) „be-schuldigen" (vgl. auch 6.3.3!) oder „bezichtigen", (10) „verbor-gen", (14) „Mannes" oder „Menschen" (6.2).

b) Das mhd. weite Bedeutungsspektrum von *pîn* (stM) bzw. *pîne* (stswF): „strafe, qual, eifer, eifrige bemühung" (Lexer) hat sich (unter dem logisch-quantitativen Gesichtspunkt des Bedeutungs-wandels) zum Nhd. auf „Qual" verengt, es ist also eine Speziali-sierung eingetreten.
Ähnlich verhält es sich mit mhd. *dicke*: Es ist in den meisten Fäl-len als Adverb gebraucht und trägt die Bedeutung „oft", nur selten ist es mit „dick" (oder auch „dicht") zu übersetzen. Diese seltene Bedeutung hat sich innerhalb des Spezialisierungsprozesses bei diesem Lexem aber durchgesetzt.
Wieder anders gelagert ist der Spezialisierungsprozess bei *wenig*: Hier wurde der qualitative Aspekt innerhalb des Bedeutungsspekt-rums („klein, gering, schwach") zugunsten des quantitativen As-pekts („wenig") völlig ausgeblendet.
Die Einschränkung des Bedeutungsspektrums von mhd. *kneht* („knabe, jüngling, mann, kerl, bursche, junger mann in lernender oder dienender stellung […]" Lexer) auf die letzte der genannten Bedeutungen ist unter wertbezogen-axiologischen Gesichtspunk-ten als Bedeutungsverschlechterung (Peioration) anzusprechen (6.1).

Zu 8.8   a) Die doppelte Verneinung (mhd. etwa *neschacz niht*) ist aufge-geben (7.8).
b) Der adnominale Genitiv ist, dem neuen Trend folgend, bereits nachgestellt (mhd. etwa *eines leibes kreft(e) noch list*; 7.6.1).
c) Gegenüber mhd. denkbarem *zwên(e) kurz sin(ne) tâten ez* ist Präteritumschwund eingetreten. Das Präteritum wird nun periph-rastisch (analytisch) mit *han es gethan* ausgedrückt, wodurch ein (wenn auch kleiner) Satzrahmen entsteht (7.2)

Anhang III: Index und Glossar

ABLAUT

„regelmäßige[r] Wechsel bestimmter Vokale in etymologisch verwandten Wörtern [...] oder Wortteilen [...]" (H. Paul/ I. Schröbler: *Mhd. Grammatik*, § 28). *graben-Grube, singen-Gesang*.
Am deutlichsten tritt die Erscheinung in den nach dem Ablaut benannten Ablautreihen des starken Verbs zutage.
Der Ablaut ist aus dem Indogermanischen ererbt.
Der Ablaut der AR I-V des Alt- und Mittelhochdeutschen geht auf den indogermanischen *e-o*-Ablaut zurück:

I idg.	*e(i)*	*e(i)*	*o(i)*	*Ø (i)*	*Ø (i)*
mhd.	*riten*	*rîte*	*reit*	*riten*	*geriten*
II idg.	*e(u)*	*e(u)*	*o(u)*	*Ø (u)*	*Ø (u)*
mhd.	*biegen*	*biuge*	*bouc*	*bugen*	*gebogen*
III idg.	*e*	*e*	*o*	*Ø*	*Ø*
mhd.	*binden*	*binde*	*bant*	*bunden*	*gebunden*
				SS	
IV idg.	*e*	*e*	*o*	*ê*	*Ø*
mhd.	*nemen*	*nime*	*nam*	*nâmen*	*genomen*
V idg.	*e*	*e*	*o*	*ê*	*e*
mhd.	*geben*	*gibe*	*gap*	*gâben*	*gegeben*
	GS		aGS	DS	GS

Die indogermanischen Ablautstufen bezeichnet man als Grundstufe (GS, auch *e*-Hochstufe), abgetönte Grundstufe (aGS, auch *o*-Hochstufe), Schwundstufe (SS, auch Nullstufe) und Dehnstufe (DS).

AFFRIKATA

Kombination von Verschlusslaut und Reibelaut, artikuliert an derselben Stelle im Mundraum, labial /*pf*/, dental /*(t)z*/, guttural /*kch*/, vgl. zweite Lautverschiebung 2.2; 3.6.1; 3.7

ALEMANNISCH

Teil des Westoberdeutschen (Wobd.); Nieder- und Hochalemannisch: 2.2

ALINEA-ZEICHEN   3.4

ALTHOCHDEUTSCH   2.2

AMELIORATION   → Bedeutungswandel

ANALYTISCHE ZEITENBILDUNG

analytische oder periphrastische Zeitenbildung: *ich habe gesehen* vs. → synthetische Zeitenbildung (lat. *vidi*): 7.2

APOKOPE   4.2.10; 5.1.1.3; 5.1.2.2; 5.3.1; 6.3.1

ASSIMILATION/ TEILASSIMILATION

konsonantisch: 4.1.1.1; 4.1.5; vokalisch → Senkung

AUSLAUTVERHÄRTUNG

Die Verschlusslaute werden im Mhd. mit großer Konsequenz in der tonlosen Variante notiert, wenn sie im Auslaut zu stehen kommen (*kalp, lant, mac*). Im Inlaut steht jeweils die stimmhafte Variante (*kalbes, landes, mügen*). Die graphische Unterscheidung wird im Frnhd. aufgegeben, besteht aber lautlich im Grunde bis in die Gegenwartssprache hinein fort: 3.10

BAIRISCH	Nord- Mittel- Südbairisch; Bairisch als Mundart schreibt man mit ‹*ai*›: 2.2
BASTARDA	3.1
BEDEUTUNGSWANDEL	inhaltsseitige Veränderung des Lexems bei ausdrucksseitiger Entsprechung: Erweiterung (Generalisierung), Verengung (Spezialisierung), Verschiebung, Verschlechterung (Peioration), Verbesserung (Amelioration): 6.1
BENRATHER LINIE	2.2
BRECHUNG	→ Senkung
BUCHDRUCK	→ Inkunabeldruck
CODEX (PL. CODICES)	3.1
DEGEMINIERUNG	Vereinfachung eines Doppelkonsonanten, tritt v.a. nach Langgvokal und/ oder im Auslaut ein.
DEHNUNG	4.2.12; 5.1.1.3; 5.4
DEHNUNGSZEICHEN	3.5; 4.1.4; 4.2.2
DEMINUIERUNG	6.3.1
DERIVATION	vs. → Komposition: 6.3.1ff.
DIACHRONIE	vs. → Synchronie: 1.1
DIAKRITIKON (PL. DIAKRITIKA)	3.9
DIALEKT	landschaftlich begrenzte Sonderform einer Sprache (Varietät) wie Ripuarisch, Moselfränkisch usw. (vgl. Karte zur zweiten Lautverschiebung 2.2): 1.2
DIGRAPHIE	Darstellung eines Vokals (z.B. Diphthong ‹*au, aw*›) oder eines Konsonanten (z.B. Affrikata ‹*cz, tz, tcz*›) durch die Kombination mindestens zweier Zeichen
DIPHTHONG	3.9
DIPHTHONGIERUNG, AHD.	germ. *ê* > ahd. *ie* (z.B. Präteritum AR 7$_I$) germ. *ô* > ahd. *uo* (z.B. Präteritum AR 6): 4.2.3
DIPHTHONGIERUNG, FRNHD.	4.2.1; 4.2.7
DISSIMILATION	4.1.6
DISTRIBUTION	3.6

94

EINHEITSPLURAL, ALEMANNISCHER	5.1.1.6
ENKLISE	Verschmelzung eines Lexems mit dem davorstehenden, z.B. *wiltu* aus *wilt du* (*Ulenspiegel*), Gegenstück dazu ist die Proklise: *zebachen* aus *ze bachen* („zu backen").
ENTRUNDUNG	4.2.5
EPITHESE VON *t*	4.1.1.2
er-HAKEN	3.8
ERSATZDEHNUNG	→ Nasalschwund
EXPLOSIVLAUTE	→ Verschlusslaute
FLEXIONSARTEN (DES ADJEKTIVS)	nominal stark, pronominal stark, schwach: 5.3.2; 7.7
FORMENLEHRE	1.4; 5
FORTES	→ Verschlusslaute
FRIKATIV	→ Reibelaut
FUNKTIONSWANDEL	3.5
GEMINATE	→ Konsonantengemination; vs. → Degeminierung: 2.2
GEMISCHTE DEKLINATION	5.2.4; 5.2.8; 5.2.14
GENERALISIERUNG	→ Bedeutungswandel
GENITIV	Stellung im Satz und Funktionen: 6.3.1; 7.6
GENUSWECHSEL	5.2.15f.
GRAMMATIKALISIERUNG	6.3.1
GRAMMATISCHER WECHSEL	beschreibt den geregelten Wechsel zwischen stimmlosen und stimmhaften Varianten der Reibelaute, die in der ersten Lautverschiebung aus den indogermanischen Verschlusslauten /p, t, k/ entstanden (vgl. Karte „Konsonantismus", S. 18). Die Verteilungsregel ist im → ‚Vernerschen Gesetz' formuliert. Es ergeben sich daraus folgende Paarungen von Konsonanten, die in etymologischen verwandten Formen einander abwechseln: /f-b/, /d-t/, /h-g/ (vgl. nhd. *ziehen − gezogen*), dazu noch /s-r/ (vgl. nhd. *waren − gewesen*): 5.1.1.13
GRAPHEMIK	Lehre von der → Schreibung (vs. → Lautung) des Frnhd.
GRAPHIE	→ Schreibung
GROß- UND KLEINSCHREIBUNG	3.3
HALBVOKALE (*w, j*)	4.1.3
HANDSCHRIFT	3.1
HAUCHLAUT (*h*)	4.1.4
HEBUNG	der → Senkung entgegengesetzter Vorgang. Die Hebung

tritt schon urgermanisch ein vor Nasalverbindungen (vgl. lat. *ventus* vs. dt. *Wind* und AR IIIa ahd. b*i̱ndan* < idg. *e*), sodann auch vor *i* und *j* der Folgesilbe (ahd. *dû gi̱bis* < idg. *e*; nhd. *geben – du gibst*), zuletzt auch vor *u* der Folgesilbe (ahd. *ih gi̱bu* < idg. *e*). Auch der Primärumlaut (→ Umlaut) ist als eine solche Hebung aufzufassen.

HESSISCH
HOCHDEUTSCH

Teil des Westmitteldeutschen (Wmd.): 2.2
vs. → Niederdeutsch (Nd.): 2.2

INFINITIVSÄTZE

7.4

INITIALE

3.3

INKUNABELDRUCK

Diejenigen Bücher, die in Europa von der Erfindung des Buchdrucks mit beweglichen Lettern (ca. 1450) bis zum Jahre 1500 gedruckt wurden, nennt man Inkunabeln (dt. ‚Wiegendrucke'): 2.1; 3.1

ISOGLOSSE

Trennlinie zwischen Dialektgebieten (Varietäten) 2.2

-iz- /-az- STÄMME

5.2.6; 5.2.12; 5.2.13

j-PRÄSENTIEN

Starke Verben, die aufgrund einer *j*-haltigen Ableitungssilbe im Präsens Hebung des Wurzelvokals und westgermanische Konsonantengemination aufweisen, z.B. *bitten* AR 5: *i* statt *e* (→ Hebung); Doppel-*t* (westgermanische → Konsonantengemination): 5.1.1.12

KASUSNIVELLIERUNG

5.2.8; 5.2.10

KOMPOSITION

vs. → Derivation: 6.3.1

KONJUNKTIONEN

6.1

KONSONANTENGEMI-
NATION, WEST-
GERMANISCHE

5.1.1.12; 5.2.9

KONSONANTENHÄU-
FUNG

3.7

KONSONANTENSYS-
TEM

Frühneuhochdeutsches Konsonantensystem nach Ebert/ Reichmann/ Solms/ Wegera: *Frnhd. Gramm*, § L 66:

Artikulationsort/ Artikulationsart		labial	labio-dental	dental	palato-alveolar	palatal	velar	glottal
Verschlusslaute	Lenes	b		d			g[1]	
	Fortes	p		t			k[1]	
Reibelaute	Lenes	w		s			j[1]	
	Fortes		f	ss	sch		ch[1]	h
Affrikaten		pf[2]		z	tsch[2]			
Nasale		m		n			ŋ	
Liquide				l, r				

96

1 Jeweils palatales und velares Allophon, je nach umgebendem Vokalismus.
2 Der Labial-/ Labiodentalbereich bzw. der Dental-/ Palatalalveolarbereich wird als Einheit betrachtet.

KONTRAHIERTE VERBEN
5.1.4.3

KURSIVE
3.1

KÜRZEL
3.8

KÜRZUNG
4.2.13

LATINISMEN
7.9

LAUTUNG
1.4; 4

LAUTVERSCHIEBUNG, ERSTE
Ergebnis der ersten (germanischen) Lautverschiebung (ca. 2000-500 v. C.) ist v.a. ein für die germanischen Sprachen charakteristischer Reichtum an Reibelauten und der → Grammatische Wechsel.

LAUTVERSCHIEBUNG, ZWEITE, HOCHDEUTSCHE
2.2; 4.1; 4.1.1

LEHNWORT
6.4

LENES
→ Verschlusslaute

LENISIERUNG (AUCH BINNENHOCHDEUTSCHE)
4.1.1; 4.1.1.2

LEXEMSPALTUNG
5.1.1.15; 5.2.10; 5.2.12

LEXIK
→ Wortschatz

LIGATUR
Form der → Digraphie: graphische Verbindung zweier Zeichen z.B ſ und z zu ß; eine vokalische Ligatur ist z.B. a und e zu æ: 3.6.1

LIQUIDE
→ Konsonantensystem: 3.6.2; 4.1.6

MAJUSKEL
Großbuchstabe: 3.3; 3.6.1; 3.6.4;

MEDIAE
→ Verschlusslaute

MITTELDEUTSCH
West- und Ostmitteldeutsch: 2.2

MITTELHOCHDEUTSCH
2.2

MONOPHTHONG
/ô/ für mhd. Diphthong /uo/ oder /ou/ sowie Monophthong /ê/ für mhd. Diphthong /ie/ oder /ei/ frnhd. in einigen Regionen: 4.2.3; 4.2.4

MONOPHTHONGIERUNG, AHD.
Monophthongierung:
germ. *ei* > ahd. *ê* vor *h, w, r*   (z.B. AR 1b:)
germ. *ou* > ahd. *ô* vor *h* oder Dental (z.B. AR 2b:): 4.2.3

MONOPHTHONGIERUNG, FRNHD. (MD.)
4.2.2

MORPHOLOGIE
→ Formenlehre

MOSELFRÄNKISCH
Teil des Westmitteldeutschen (Wmd.): 2.2

MUNDART
→ Dialekt

97

NASALSCHWUND	Der Nasalschwund (ggf. mit Ersatzdehnung) ist Ergebnis einer Art Kettenreaktion, die mit dem → Primären Berührungseffekt einsetzt: Wenn aus Verschlusslaut /g/ oder /k/ vor /t/ Reibelaut /ch/ (mhd. vor /t/ als ‹h› geschrieben) resultiert, hat dieses zur Folge, dass Nasal vor diesem Reibelaut schwindet und ersatzweise der davor stehende Vokal gedehnt wird. Das Phänomen lässt sich am starken Verb *bringen* (mhd. AR 3a) leicht erklären: Zum starken Präteritum *branc* wurde unter Einsatz von Präterital-*t* ein schwaches Präteritum gebildet **branc-t*-(Flexiv/ Endung). Durch primären Berührungseffekt wird daraus *branh-t*-(Flexiv), sodann durch Nasalschwund und Ersatzdehnung ahd. *brâht-a*, mhd. *brâht-e*. Nasalschwund zeigen auch schwache Verben wie mhd. *denken-dâhte*. Gegenüber den mhd. Formen wurde im Frnhd. in diesem Falle der Langvokal der Tonsilbe gekürzt, nhd. *brachte*, s.o. Kürzung.
NASALSTRICH	3.8
NEBENSILBEN	die Silben eines Wortes, die keine Tonsilben sind. Die markanteste lautliche Veränderung des Ahd. zum Mhd. hin besteht in der Abschwächung der volltönenden Nebensilben zu einheitlich schwachtonigem *e*: *boto > bote; hirti > hirte; salbôn > salben; salbôta > salbete* usw. Zu frnhd. Phänomenen innerhalb der Nebensilben vgl. 4.2.11
NEGATION	7.8
NIEDERDEUTSCH	Teil des deutschen Sprachraums , in dem die zweite Lautverschiebung nicht stattgefunden hat vs. Hochdeutsch (Hd.): 2.2
NOMINALKOMPLEX	7.6
NORDOBERDEUTSCH	→ Ostfränkisch
NUMERUSNIVELLIERUNG	beim starken Verb: 5.1.1.1
NUMERUSPROFILIERUNG	bei den Deklinationsklassen: 4.2.10; 5.2.6; 5.2.8; 5.2.10
OBERDEUTSCH	südlicher Teil des Hochdeutschen: West- und Ostoberdeutsch (Wobd. und Oobd.): 2.2
ORTHOGRAPHIE	3.2
OSTFRÄNKISCH	andere Bezeichnung für Nordoberdeutsch (unter anderer Betrachtungsweise): 2.2
OSTMITTELDEUTSCH	Teil des Mitteldeutschen (Md.): 2.2
PALATALISIERUNG	Veränderung der Artikulationsstelle von Vokalen oder Konsonanten (hier /s/) in Richtung auf die Zone am Gaumen,

die Palatum genannt wird, vgl. W. König, *dtv-Atlas Deutsche Sprache*, S. 16: 4.1.2

PEIORATION	→ Bedeutungswandel
PERIPHRASTISCHE ZEITENBILDUNG	→ Analytische Zeitenbildung
PHONOLOGIE/ PHONEMATIK	Lehre von der → Lautung (vs. →Schreibung) des Frnhd.
POSTVOKALISCH	nach Vokal: 2.2
PRÄFIX	Wortbildungselement vs. → Suffix: 6.3.3
PRÄTERITALLINIE	verläuft ungefähr entlang des Mains: südlich dieser Linie wird das Präteritum fast durchwegs umschrieben, d.h. periphrastisch (→ analytisch) gebildet: 7.2
PRÄTERITOPRÄSENTIEN	Verben, die im Präsens den Ablaut starker Präterita aufweisen und ihr Präteritum schwach bilden: 5.1.3
PRÄTERITUMSSCHWUND	→ Präteritallinie
PRIMÄRER BERÜHRUNGSEFFEKT	ein sehr früh in der deutschen Sprachgeschichte eingetretener lautgesetzlicher Vorgang, der bis heute (und also auch im Frnhd.) in zahlreichen Formen gut erkennbar ist. Die Verschlusslaute /b, p/; / d, t/; /g, k/ werden zu den entsprechenden Reibelauten /f/; /s(s)/, /(c)h/, wenn sie vor /t/ zu stehen kommen, vgl. nhd. *mögen − mochte, haben Haft, treiben − Trift.* Im Falle von *bringen − brachte* ist zudem → Nasalschwund im Spiel.
PRIMÄRUMLAUT	Form des Umlauts, der schon im Ahd. graphisch realisiert wurde: Umlaut /e/ zu nicht umgelautetem kurzen /a/: 5.1.1.14
PROKLISE	→ Enklise
RAHMENBILDUNG	→ Satzklammer
REIBELAUT	2.2; 3.6.1; 3.6.3; 4.1.2
REZENTE MUNDART	Alte, aber noch ‚lebende' Mundart, die im besagten Teilbereich einen alten Zustand konserviert hat.
RHEINFRÄNKISCH	Teil des Westmitteldeutschen (Wmd.): 2.2
RHOTAZISMUS	innerhalb des grammatischen Wechsels der Vorgang, bei dem aus stimmhaftem Reibelaut [z], (der seinerseits aus älterem /s/ hervorgegangen war) Liquide /r/ wird, vgl. Karte „Konsonantismus", S. 18!
RIPUARISCH/ RIBUARISCH	Teil des Westmitteldeutschen (Wmd.): 2.2
RÜCKUMLAUT	vs. → Umlaut: 5.1.2.1
RUNDUNG	4.2.6
SATZBAU (SYNTAX)	1.4; 7

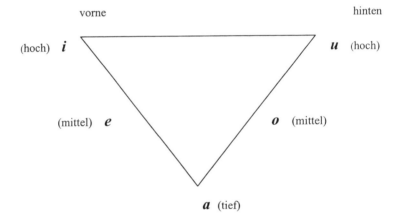

vorne   hinten

(hoch) *i*   *u* (hoch)

(mittel) *e*   *o* (mittel)

a (tief)

SYNKOPE	4.2.10; 5.1.1.3
SYNTAX	→ Satzbau
SYNTHETISCHE ZEITENBILDUNG	vs. → analytische Zeitenbildung
SYSTEMZWANG	4.2.12 u.ö.

TEILSENKUNG (S2)	4.2.9
TEMPUSPROFILIERUNG	5.1.1.1
TENUES	→ Verschlusslaute
TEXTSORTEN	1.6
TEXTURA	3.1
THÜRINGISCH	Teil des Ostmitteldeutschen (Omd.): 2.2
TONSILBE	diejenige Silbe, die den Hauptton eines Wortes trägt (vs. → Nebensilbe). Tonsilben können lang und kurz sein. Offen nennt man eine Tonsilbe, wenn sie nicht durch einen Konsonanten abgedeckt (abgeschlossen) ist (so mhd. *le-ben* vs. mhd. *fin-den*; letztere Tonsilbe ist abgeschlossen, der Vokal also ,positionslang'). Mhd. kurze offene Tonsilben werden zum Frnhd. hin gedehnt: 4.2.12

UMLAUT	partielle Assimilation eines Vokals auf *i,j* der Folgesilbe hin: *ich fahre − du fährst* (< ahd. *veris*); *Kraft − kräftig; Hof − höflich; Haus − häuslich*. (vgl. oben die Graphik unter „Senkung"). Nach der zeitlichen Folge der Notierung (graphischen Umsetzung des Umlauts) unterscheidet man → Primär-, Sekundär- und Restumlaut: *a-e / a-ä / â-ae, o-ö, ô-oe, u-ü, û-iu, uo-üe* usw.
	Von Rückumlaut spricht man bei schwachen Verben, bei denen Formen ohne Umlaut im Präteritum Formen mit Umlaut im Präsens gegenüberstehen. Der Rückumlaut wird im Frnhd. immer mehr aufgegeben: mhd. *hoeren-hôrte* gegen nhd. *hören-hörte*. Bis heute erhalten ist der Rückumlaut in Formen wie *brennen-brannte* und *denken-dachte* (→ Primärer Berührungseffekt): 3.9; 5.1.2.3; 5.2.5; 5.2.6; 5.2.10; 5.2.11; 6.3.1
UNIVERBIERUNG	6.3.1

VARIANTEN	6.2
VARIETÄT	→ Dialekt
VERBKOMPLEX	7.1 ff.
VERDUMPFUNG	4.2.7
VERNERSCHES GESETZ	Das Vernersche Gesetz (benannt nach dem dänischen Sprachwissenschaftler Karl Verner) beschreibt die Regel, wonach aus den indogermanischen Verschlusslauten /p, t, k/

in der ersten Lautverschiebung entweder stimmlose Reibelaute oder deren stimmhafte Variante entstanden. Die stimmlosen Reibelaute werden dann zu stimmhaften Reibelauten ‚lenisiert', wenn sie in stimmhafter Umgebung stehen und ihnen der Wortakzent in der idogermanischen Form nicht unmittelbar vorausging. → Grammatischer Wechsel 2.2; 4.1.1; 4.1.1.2; 4.1.1.3

VERSCHLUSSLAUTE, STIMMHAFTE (MEDIAE≈LENES), STIMMLOSE (TENUES≈FORTES)

VERTIKALISIERUNG → Varianten 6.2

VIRGEL 3.4

WECHSELFLEXION 5.1.1.4

WESTGERMANISCHE KONSONANTENGEMINATION eine den westgermanischen Sprachen gemeinsame Erscheinung, bei der (meist bedingt durch ein *j* der Folgesilbe) ein Konsonant verdoppelt wurde. Doppel-*t* bei nhd. *bitten* (vorahd. *dd*) geht auf diesen Vorgang zurück.

WESTMITTELDEUTSCH Ripuarisch (Rip.), Moselfränkisch (Mslfr.), Rheinfränkisch (Rhfr.) und Hessisch (Hess.) machen zusammen das Wmd. aus: 2.2

WESTOBERDEUTSCH Hochalemannisch (Halem.), Niederalemannisch (Nalem.) und Schwäbisch (Schwäb.) sind die Teile des Wobd.: 2.2

WORTSCHATZ 1.4; 6

WURZELPRÄSENTIEN 5.1.4.2

WURZELVERBEN 5.1.4.1

Abkürzungsverzeichnis

Nicht aufgenommen in die Liste sind weder allgemein gängige Abkürzungen wie ca., ggf., vs. (versus), noch Abkürzungen für grundlegende grammatische Kategorien wie Sg. (Singular), Pl. (Plural), Nom. (Nominativ) usw. (mit Ausnahmen), noch die Abkürzungen für die großen Epochen der deutschen Sprachgeschichte wie Ahd. (Althochdeutsch), Mhd. (Mittelhochdeutsch) usw. Bei bestehender Unsicherheit im einzelnen Fall mag auch das Verzeichnis von B. Hennig, *Wörterbuch*, S. XVIII-XXI oder F. Hartweg/ K-P. Wegera: *Frühneuhochdeutsch*, S. 229 weiterhelfen.

alem.	alemannisch
AR	Ablautreihe
bair.	bairisch
F	Femininum
halem.	hochalemannisch
hd.	hochdeutsch
hess.	hessisch
Hs.	Handschrift
LV	Lautverschiebung
M	Maskulinum
mal.	mittelalterlich
mbair.	mittelbairisch
md.	mitteldeutsch
mslfr.	moselfränkisch
Mua.	Mundart
N	Neutrum
nalem.	niederalemannisch
nbair.	nordbairisch
ND	Neudruck
nd.	niederdeutsch
nobd.	nordoberdeutsch
obd.	oberdeutsch
obsächs.	obersächsisch
ofr.	ostfränkisch
ohess.	osthessisch
omd.	ostmitteldeutsch
oobd.	ostoberdeutsch
rhnfr.	rheinfränkisch
rip.	ripuarisch (ribuarisch)

sbair.	südbairisch
schwäb.	schwäbisch
st	stark
stimmh.	stimmhaft
sw	schwach
thür.	thüringisch
wmd.	westmitteldeutsch
wobd.	westoberdeutsch

Verzeichnis abgekürzt zitierter und weiterführender Literatur

Baufeld, Christa: *Kleines frühneuhochdeutsches Wörterbuch – Lexik aus Dichtung und Fachliteratur des Frühneuhochdeutschen*, Tübingen 1996.

Besch, Werner: *Sprachlandschaften und Sprachausgleich im 15. Jahrhundert – Studien zur Erforschung der spätmittelalterlichen Schreibdialekte und zur Entstehung der nhd. Schriftsprache*, München 1967 (Bibliotheca Germanica 11).

Braune, Wilhelm/ Eggers, Hans: *Althochdeutsche Grammatik*, Tübingen [13]1975 (Sammlung kurzer Grammatiken germanischer Dialekte A 5).

Bremer, Ernst: *Zum Verhältnis von geschriebener und gesprochener Sprache im Frühneuhochdeutschen*, in: HSK 2.2, S. 1379-1388.

Bussmann, Hadumod (Hg.): *Lexikon der Sprachwissenschaft*, Stuttgart [3]2002.

Ebert, Robert Peter/ Reichmann, Oskar/ Solms, Hans-Joachim/ Wegera, Klaus-Peter: *Frühneuhochdeutsche Grammatik*, Tübingen 1993 (Sammlung kurzer Grammatiken germanischer Dialekte A 12).

Erben, Johannes: *Syntax des Frühneuhochdeutschen*, in: HSK 2.2, S.1341-1348.

Götze, Alfred: *Frühneuhochdeutsches Glossar*, Berlin [7]1967.

Hartweg, Frédéric/ Wegera, Klaus-Peter: *Frühneuhochdeutsch. Eine Einführung in die deutsche Sprache des Spätmittelalters und der frühen Neuzeit*, Tübingen [2]2005 (Germanistische Arbeitshefte 33).

Hennig, Beate: *Kleines mittelhochdeutsches Wörterbuch*, Tübingen [4]2001.

Homberger, Dietrich: *Sachwörterbuch zur deutschen Sprache und Grammatik*, Frankfurt am Main 1989.

HSK (Ungeheuer, G./ Wiegand H.E. [Hgg.]) 2.2: *Handbücher zur Sprach- und Kommunikationswissenschaft*, Band 2.2: *Sprachgeschichte. Ein Handbuch zur Geschichte der deutschen Sprache und ihrer Erforschung*, hg. von Besch, Werner/ Reichmann, Oskar/ Sonderegger, Stefan, Berlin/ New York 1985.

König, Werner: *dtv-Atlas Deutsche Sprache – Tafeln und Texte*, München [15]2005.

Lexer, Matthias: *Mittelhochdeutsches Taschenwörterbuch*, Stuttgart [38]1992 mit Nachträgen von Ulrich Pretzel.

Meineke, Eckhard/ Schwerdt, Judith: *Einführung in das Althochdeutsche*, Paderborn/ München/ Wien/ Zürich 2001 (UTB 2167).

Moser, Hugo/ Stopp, Hugo u.a. (Hgg.): *Grammatik des Frühneuhochdeutschen — Beiträge zur Laut- und Formenlehre*, Heidelberg 1970, 1973, 1978, 1987, 1988, 1991.

Moser, Virgil: *Historisch-grammatische Einführung in die frühneuhochdeutschen Schriftdialekte*, Halle 1909 (ND Hildesheim 1971).

Neddermeyer, Uwe: *Von der Handschrift zum gedruckten Buch — Schriftlichkeit und Leseinteresse im Mittelalter und in der frühen Neuzeit*, 2 Bde., Wiesbaden 1998, S. 504-514.

Paul, Hermann/ Schröbler, Ingeborg: *Mittelhochdeutsche Grammatik*, 24. Auflage, überarbeitet von Wiehl, Peter und Grosse, Siegfried, Tübingen 1998 (Sammlung kurzer Grammatiken germanischer Dialekte A 2).

Penzl, Herbert: *Frühneuhochdeutsch*, Bern/ Frankfurt/ Nancy/ New York 1984 (Germanistische Lehrbuchsammlung 9).

Philipp, Gerhard: *Einführung ins Frühneuhochdeutsche — Sprachgeschichte, Grammatik, Texte*, Heidelberg 1980.

Piirainen, Ilpo Tapani: *Die Diagliederung des Frühneuhochdeutschen*, in: HSK 2.2, S.1368-1379.

Polenz, Peter von: *Deutsche Sprachgeschichte vom Spätmittelalter bis zur Gegenwart*, Band 1: *Einführung, Grundbegriffe, 14.-16. Jahrhundert*, Berlin/ New York [2]2000.

Reichmann, Oskar/ Wegera, Klaus-Peter (Hgg.): *Frühneuhochdeutsches Lesebuch*, Tübingen 1988.

Schmidt, Wilhelm: *Geschichte der deutschen Sprache — Ein Lehrbuch für das germanistische Studium*, Stuttgart/ Leipzig [7]1996 ([10]2007).

Stedje, Astrid: *Deutsche Sprache gestern und heute — Einführung in Sprachgeschichte und Sprachkunde*, München 1989.

Wegera, Klaus-Peter: *Wortbildung des Frühneuhochdeutschen*, in: HSK 2.2, S. 1348-1355.